智慧校园建设与信息技术研究

王　斌　耿飞飞　王　悦◎著

北京燕山出版社
BEIJING YANSHAN PRESS

图书在版编目（CIP）数据

智慧校园建设与信息技术研究 / 王斌，耿飞飞，王悦著.—北京 ：北京燕山出版社，2024.5
ISBN 978-7-5402-7257-9

Ⅰ．①智… Ⅱ．①王… ②耿… ③王… Ⅲ．①信息技术－应用－校园－建设－研究 Ⅳ．①G47

中国国家版本馆 CIP 数据核字(2024)第 070593 号

智慧校园建设与信息技术研究

作　　者	王　斌　耿飞飞　王　悦
责任编辑	王　迪
出版发行	北京燕山出版社有限公司
社　　址	北京市西城区椿树街道琉璃厂西街20号
电　　话	010-65240430
邮　　编	100052
印　　刷	北京四海锦诚印刷技术有限公司
开　　本	787mm×1092mm　1/16
字　　数	235千字
印　　张	13
版　　次	2024 年 5 月第 1 版
印　　次	2024 年 5 月第 1 次印刷
定　　价	76.00 元

作者简介

王斌，1973年8月出生，男，籍贯陕西，汉族，在职研究生学历，管理学硕士学位，高级工程师，现任职新疆农业大学网络与信息技术中心（数据中心）主任。主要从事教育教学信息化、农业农村信息化等相关工作。承担并参与国家级、自治区级、地州级等各类科研项目16项，发表科技论文7篇，获得实用新型专利1项，软件著作权9项，农业实用技术影视作品3项。长期从事学校信息化建设的总体规划、实施、管理等工作，负责组织实施的各类信息化项目60余项。

耿飞飞，1998年毕业于四川大学计算机科学与技术专业，一直从事计算机专业教学及信息技术应用、网络技术应用、网站建设等相关工作。"三峡之光"访问学者，区级骨干教师。发表了《计算机网站建设的规划设计及其实现》《网络安全中的密码技术研究》《计算机网络建设中的安全性问题分析》及SCI、EI等多篇论文。

王悦，女，汉族，硕士研究生，工程师。曾担任中小学一线教师，中西部农村骨干教师、科研规划重点课题优秀教师。研究方向为电子信息工程现代化技术发展、信息技术工程与网络安全、电子信息技术与工程管理、信息数据工程加密保护分析、教育模式的改革与信息技术等。现工作单位是黑龙江省伊春市伊美区机构编制数据研究服务中心。

前　言

　　高校的信息化建设已经从数字校园迈向智慧校园阶段，教育模式也从传统教育变革到以"互联网+"为代表的智慧教育。在国家"双一流"建设的背景下，在翻转课堂、MOOCs等学习方式的冲击下，必须大力建设智慧校园才能创设智慧教学环境，推进课程形态、教学范式、评价模式、教师发展、教育管理等的变革，才能适应新的教育形态。在智慧校园环境下，一切活动将在物联网、大数据技术下变得可视化，通过量化分析进行精准的、个性化的教学指导，实现全员、全过程、全方位的"三全育人"格局；同时，基于大数据的决策分析将进一步优化育人环境和决策机制，为培养创新型、智慧型人才提供良好的服务。

　　智慧校园建设是对现有数字化校园建设的升级，是新一代的教育信息化，也必将成为未来教育信息化的基础。通过对智慧校园建设与应用的研究，有助于智慧教育领域的研究与建设积累经验并提供参考与借鉴；通过对智慧校园的系列研究和实践，在教育信息化走向更高级的智慧教育转变的时代背景下，认真梳理数字化校园建设阶段的研究成果，厘清智慧教育研究发展现状，反思智慧校园建设过程中的创新实践效果，对于学校智慧校园发展具有现实指导意义。

　　针对目前高校智慧校园的建设，随着智慧校园中的硬件资源越来越多，如何更有效地收集资源、处理资源及利用资源，成为目前智慧校园建设中亟待解决的问题之一。本书首先从智慧校园建设的理论基础介绍入手，针对智慧校园的关键技术、智慧校园教学环境建设，以及智慧教育资源平台建设进行了分析研究；另外，对教育信息化时代的智慧教学探索、信息化教学资源的管理做了一定的介绍；还对信息技术与教育融合发展的队伍建设做了简要分析，本书对智慧校园信息技术的应用创新有一定的借鉴意义。

目　录

第一章　智慧校园建设的理论基础

智慧校园建设与发展是教育行业发展变革的必然趋势，有利于推动教育信息化向更高级的形态发展；有利于促进教学模式和学习方式的多样化和灵活性；有利于培养高素质人才、提高学校的办学水平、优化学校综合治理能力，智慧校园的建设和发展能够适应新时期网络技术的发展、社会的需要，以及学校管理、教学改革等方面的需要，其最终目标就是实现教育现代化和智能化。

第一节　智慧校园建设思路及原则

一、智慧校园建设概述

教育信息化经过数字化校园建设，现已跨入智慧校园建设阶段。智慧校园是教育信息化的更高级形态，是数字化校园的进一步发展和提升。智慧校园综合运用大数据、物联网、智能感知、人工智能、移动互联、云计算、虚拟现实等新一代信息技术，感知校园物理环境，识别师生的学习工作情境个体特征，将学校物理空间和信息空间有机衔接，实现构建万物互联互通的智慧虚拟校园，实现"虚拟校园"与"现实校园"的无缝对接和实时更新。在学校全面数据采集的基础上，实现人、物、事、景等各方面的信息镜像，再通过教育大数据和云计算为基础的数据计算处理，实现无处不在的网络空间教学与学习、讨论研究、校务治理、文化活动、校园生活等活动的信息化，为师生建立智能开放的教育教学环境和便利舒适的工作生活环境，提供以人为本的个性化创新服务。

智慧校园建设与发展是教育行业发展变革的必然趋势，有利于推动教育信息化向更高级的形态发展，有利于促进教学模式和学习方式的多样化与灵活性，有利于培养高素质人才、提高学校的办学水平、优化学校综合治理能力。智慧校园的建设和发展能够适应新时期网络技术的发展、社会的需要，以及学校管理、教学改革等方面的需要，其最终目标就是实现教育现代化和智能化。

智慧校园建设要体现在以下几个方面：一是要具有稳定性、可靠性、安全性、高速性和便捷性的网络环境，能够随时随地快速接入互联网；二是能提供良好的数据环境，能够科学地组织各类信息资源和服务；三是具备智能、综合的信息服务联网环境，能够在人与人、人与物、物与物之间互相交换服务需求信息。

智能化的网络基础设施建设是智慧校园建设的基础。智慧校园的一个核心特点就是信息的相关性，即能够在任何时间、任何地点和任何人、任何物进行交互沟通信息；智慧校园的构建，旨在提高校园工作、学习和生活环境的质量，构建一个智能、创新、开放的融教学、科研、管理和服务为一体的综合信息服务平台，智慧校园的基础是智能化的网络基础设施，其次就是智能应用系统及平台；智慧校园智能应用系统及平台的建设是在网络基础设施建设的基础上进行的，应根据学校应用实际，购买或开发具有针对性的应用软件系统或平台，智能应用系统及平台的建设包括网络教学平台、科研支撑平台、校务管理系统和校园服务系统四大部分；这几个应用系统及平台统一数据格式和接口，相互间根据通用的标准和规范，彼此信息共享、畅通，从而对学校教学、科研、管理、服务相关的数据进行整合、集成，统一管理和控制，实现全面智能化的应用和监管。

智慧校园的建设一定是以大数据、人工智能为核心支撑技术，最终实现智慧教学、智慧管理、智慧科研、智慧就业、智慧服务及智慧环境的智慧校园。

二、智慧校园建设目标

智慧校园建设以科学的校园建设发展理念为依据，以大数据、云技术、人工智能等新一代信息技术和智慧应用为支撑，在泛在网络与泛在信息全面感知和互联互通的基础上，全面整合校内外资源，实现人、物、校之间的无缝连接与协同联动的智能自感知、自适应、自优化，从而智能识别师生群体的学习、工作情景和个体的特征，将学校物理空间和数字空间有机衔接起来，为师生建立智能开放的教育教学环境，改变师生与学校资源、环境的交互方式，达到提高教育教学质量和管理水平，促进师生全面发展的目标。

在智慧校园建设过程中，探索智慧校园架构、智慧校园项目建设模式、智慧校园管理机制，设计合理系统架构，寻求合适的技术方案，建立起相应的组织保障措施，形成智慧校园建设标准，建成符合学校实际需求的智慧校园。

在智慧校园建设过程中，充分利用云计算、物联网、移动互联、大数据、智能感知等新一代信息技术，构建智能感知的校园环境；建设完善的业务数据库、中心数据库和数据仓库，整合各类数据，形成标准的、丰富的教育大数据数字资源与服务资源；建设智慧科研、决策支持平台，提高学校教育治理体系和治理能力现代化水平；建设移动校园平台、统一支付平台，提升学校信息化用户体验，全面推动校园信息化水平的整体提高。

三、智慧校园建设思路

智慧校园建设是一项复杂的系统工程，在方案设计与项目实施过程中，必须采用系统化思维和科学的方法，确保所建成的智慧校园能用、好用。

（一）整体规划，分步实施

智慧校园建设是一项需要耗费大量人力、物力和财力的复杂项目。智慧校园架构需要进行顶层设计，设计时，要充分考虑大数据、云计算、智能化、移动化等新技术发展趋势；建设中，各级各类学校应结合本校实际需要出发，明确需求、充分调研、量力而行、统一规划、分步实施、逐步推广，合理使用有限的资金，避免重复建设，科学合理地构建智慧校园。

（二）合理功能设计，抓建设落实，重用户体验

按照智慧校园建设项目整体规划要求，各子项目在实施过程中要做好立项管理、整体管理、范围管理、进度管理、成本管理和质量管理，确保各子项目能按时按质竣工验收，以保障智慧校园建设按规划实现整体建设与应用效果。

智慧校园前端与后端设计要合理，前端一般以个性化、智能化的"一站式"服务平台为核心，支持移动 APP、微信等移动终端访问，提升用户体验。后端一般以教育大数据平台为核心，实现全校范围内各种数据资源的融合，通过教育大数据平台，实现统一数据标准、统一数据治理和统一数据分析，真正把数据作为学校的核心资源充分利用起来，各业务部门要通力合作，共同梳理和规范业务流程，前端与后端可以通过业务流程串联起来，构建全校范围的业务流程网络，为校内外用户提供高质量的教育教学、科学研究、教育管理、学习生活等服务。

（三）模块独立化设计，轻应用叠加功能

智慧校园建设是一个长期的过程，不能一蹴而就，只能分步实施。我们可以边建设边使用，在使用过程中，如果发现学校在教育教学、科学研究、教育管理、学习生活等方面有迫切的需求，可以以此为切入点按不同需要进行模块独立化设计，采用轻应用迭加功能，开放服务平台接口，实现轻应用的功能加载与卸载，逐渐丰富服务平台功能，以满足校内外不同用户应用需求。

四、智慧校园建设原则

（一）技术先进性原则

积极采用信息技术领域的先进技术，从建设目标、设计理念、技术架构、实现方法等方面尽力提高系统适应新需求的能力，从而提升生命周期。所用智能设备能够灵敏地对现实环境中的人或物进行感知，通过预先构建的算法模型，能准确地预测出服务对象的一般规律和发展趋势，从而建设一个可持续发展，具有先进性、智慧性、开放性的智慧校园。

（二）功能易扩展性原则

系统架构设计先进合理，充分考虑功能模块能方便地加载与卸载，以适应未来发展中功能需求发生变化后能适应功能调整和功能扩展的需要。

（三）构建开放性原则

建成的智慧校园将是一个开放性和兼容性都很强的大平台，能实现不同架构、不同业务的系统之间的无缝集成，有能力快速地融合第三方资源，能充分利用公有云上的各种共享资源和服务。

（四）开发适应性原则

建设"大平台+微服务（微应用）"的体系架构，可以快速开发和修改需要快速响应和经常变化的应用需求，实现软件开发的敏捷化。

（五）应用自动化和智能化原则

在各种应用中，充分挖掘和实现能够自动化和智能化的功能，最终实现系统的整体智慧化。

第二节　构建教育大数据平台

采用大数据技术将现有的业务系统中的数据实现统一存储、分析及应用，建立自动采集汇总机制，形成循环流转的数据流，汇聚到教育大数据平台，教育大数据平台支持结构化和非结构化的数据存储。教育大数据平台主要由智能数据采集中心、智能数据预处理中心、智能存储检索中心、智能实时计算中心、智能挖掘算法中心、智能数据管理中心、智能数据安全中心、智能数据运行维护中心、智能统一 API 中心等部分构成。

一、构建智能数据采集中心

智能数据采集中心的主要功能是通过采集业务信息系统数据、硬件设备数据等方式获得结构化、半结构化及非结构化的海量数据，这些数据是教育大数据知识服务模型的数据来源。智能采集中心采用分布式高速可靠的数据采集、高速数据全映像等大数据收集技术；采用高速数据解析、转换与装载等大数据整合技术，实现数据的智能采集与整合。

智能数据采集中心通过数据交换平台中的"采集程序客户端"采取静态知识数据（如历史数据、个人信息、人事信息、科研信息等），通过数据交换平台定时采集配置，可以对低频知识数据（如学生成绩信息、课程信息、就业信息等）进行定时采集，通过感知信息采集设备，对高频知识数据（如人脸识别、人员感知、一卡通消费、FRID 等）进行实时抓取。采集到的各种类型的数据经过数据解析，形成标准化的数据存储到数据采集中心。

二、构建智能数据预处理中心

智能数据预处理中心是将现有的各个业务系统中的数据进行统一标准化，去除重复数据、脏数据，建立包含学校各业务系统及信息化建设所需的标准共享数据库，实现基础数据的共享和订阅式访问，保证数据的一致性，同时，完成学校各业务系统数据结构的标准化。

在数据采集或使用过程中，常常会遇到如数据缺失、数据重复、数据错误、数据不可用等问题。在数据治理方面，对于数据缺失问题，将根据业务系统特点处理，如果在业务系统中存在该数据，将采取从业务系统再次导入，如果不存在该数据，将根据数据规则手动校正数据和补入，同时，建立补入规则，实现后续缺失数据的自动补入。对于没有价值或不影响业务的数据，将放弃该数据；对于数据重复问题，将采用自动对比方式，清除完全重复的数据记录，如果同一种记录存在差异，但有效只能保存一条时，则将采用按时间对比的方式，去除过期数据，如果程序不能正确判断数据是否是正确的逻辑数据时，则需要人工加以判断，制定去重规则。

对于数据错误、数据不可用问题。在大数据平台中对数据进行归并和校正时，有时会遇到数据异常现象，这时将使用区间限定法和历史数据近似值等方法进行修复。例如，学生成绩信息，可能存在异常填写超出了正常数据范围，此时，可采用区间限定方法去除异常数据，对数据进行校正，如果存在数据格式错误，则将通过规则对数据进行修复。比如，日期的表现格式在不同系统中可能存在不同，那么就需要使用同步规则将日期转换成统一的标准。在对数据进行修复时，有时也需要人工进行干预判断。

三、构建智能存储检索中心

智能存储检索中心主要包含数据仓储的建设和数据检索与管理，以 Hadoop 数据仓库为存储工具构建海量可扩展的存储仓库为存储介质，提供分布式、高并发性的海量存储数据存储及访问，并提供数据的管理及检索。大数据智能存储检索中心主要由五大块核心组件构成，即原始库、Impala 标准数据检索框架、ElasticSearch 分布式全文检索框架、主题库、数据可视化管理系统。各组件及主要功能如下所示：

原始库：由 HBase、Hive、HDFS 组成，非结构文件将统一存放在 HDFS 当中，传统关系数据库如 Sqlserver、Mysql、Oracle 等采集过来的数据，基本将存放在 Hive 数据库当中，只有当出现需要对数据体量极为庞大的数据类型进行存储与检索时，将针对不同的数据结构设计专门的 HBase 数据库。

Impala 标准数据检索架构：该类数据本质以 Hive 数据格式存放在 HDFS 当中，并且使用 Impala 的 MPP 查询架构对存放信息进行高速查询。

ElasticSearch 分布式全文检索框架：ElasticSearch 分布式全文检索架构主要用作对大量索引的高速检索，其中涉及大数据分析中的语义分析功能，可以对非结构化文件生成结构化索引，达到转换查询的目的。

主题库：数据通过清洗之后进入标准 Hive 数据库，主题库面对上层应用进行单独的主题数据聚合、抽取，并构建相应的主题数据库。

数据可视化管理：数据可视化管理是数据管理人员的统一入口，里面包含了对数据权限的划分，数据的可视化管理操作、数据组件的管理与数据查询的交互窗口。

四、构建智能实时计算中心

智能实时计算中心主要由消息订阅分布系统 Kafka 和实时计算系统 Spark Streaming 两大部分组成。Kafka 是一种分布式的，基于发布/订阅的消息系统。引入 Kafka 分布式消息系统，并进行深度整合，满足项目中的水平扩展和高吞吐率要求，并能与上端算法分析应用进行深度集成与优化。Spark Streaming 是 Spark 核心 API 的一个扩展，可实现高吞吐量、具备容错机制的实时数据流的处理，并支持从多种数据源获取数据，可以使用诸如 map、 reduce、join 和 window 等高级函数进行复杂算法的处理，最后还可以将处理结果存储到文件系统。

五、构建智能挖掘算法中心

在智能数据挖掘中，将分析和计算框架分为数据层、算法模型层和使用层。

数据层：主要解决数据的采集、调度、存储等问题，该层采用 Hadoop 框架搭建整体的计算、存储框架，保证系统的高效计算及可靠存储，采用分布式框架，可保证系统的横向扩展和持久运行。Hadoop 框架中特有的并行计算和调度能力，保证了整个平台实现实时计算和实时交付的功能。

算法模型层：主要是实现不同计算效果、匹配不同模型的算法库。在整个大数据系统中，常见的功能算法有时序分析、关联和推荐、关联规则发现、连续模式发现、深度机器学习、统计、分类、聚类、回归、判别等算法，学校可根据自身需求，定制出所需的大数据算法库。

使用层：主要针对前端业务应用效果，开发对应的开放接口，对接相关的模型算法，计算和呈现相关的结果。使用层提供机器学习算法库，包含聚类分析、分类算法、频度关联分析和推荐系统在内的常用机器学习算法。通过大数据平台的深度挖掘和关联分析，为全校师生员工及各部门、各学院提供数据服务和综合数据分析服务。

在设计数据模型之后，已经确定业务概念、变量、业务规则，还需选择合适的算法。数据挖掘中常见的算法有回归分析、关联分析、聚类分析、孤立点分析等。数据模型根据学校关键绩效指标（KPI）自动进行相关业务分析。

六、构建智能数据管理中心

数据管理的基本原则是数据可用、操作简单、安全可靠、管理规范。智能数据管理中心主要对大数据平台的数据从查询、元数据、分类、文件等方面进行安全、可用、便捷管理。

大数据平台提供对整体存储库中的元数据进行统一的管理，统一管理存储于大数据平台的全部 Hive 库的元数据，查看 Hive 库表的字段、类型、注释，查看 Hive 库表的详细信息，如创建用户、创建时间、大小及详细存储信息等。文件管理是对大数据底层存储系统的抽象，屏蔽了底层存储系统的烦琐细节，用一种简单的逻辑结构呈现。平台对整体存储库中的文件进行统一的管理，利用大数据强大的计算和存储能力，提供更好的文件管理功能，可以更方便地存取数据。

七、构建智能数据安全中心

智能数据安全中心主要从数据访问安全和中心数据可靠性保证两方面来确保数据的安全。但早期的 Hadoop 版本并不存在安全认证一说，一般在默认集群内的所有节点都是可靠的和值得信赖的，用户与 HDFS 或者 M/R 进行交互时并不需要进行验证，这就会导致存在恶意用户伪装成真正的用户或者服务器入侵到 Hadoop 集群上，恶意地提交作业，修改 JobTracker 状态，窜改 HDFS 上的数据，伪装成 NameNode 或者 TaskTracker 接受任务等。尽管在后面的版本中，HDFS 增加了文件和目录的权限，但是并没有强认证的保障，这些权限只能对偶然的数据丢失起保护作用，恶意的用户可以轻易地伪装成其他用户来窜改权限，致使权限设置形同虚设，并不能够对 Hadoop 集群起到安全保障。

在 Hadoop 中加入 Kerberos 认证机制，Kerberos 可以将认证的密钥在集群部署时事先放到可靠的节点上。集群运行时，集群内的节点使用密钥得到认证，只有被认证过的节点才能正常使用，企图冒充的节点由于没有事先得到的密钥信息，无法与集群内部的节点通信，这就防止了恶意的使用或窜改集群的问题，确保了集群的可靠性和安全性。

大数据系统需严格在数据、角色、进程、管理、资源这五大方面全面保障数据资源安全，增强系统的身份认证和权限管理的安全策略，以防止数据被盗窃的风险。采用关系数据提供有效安全手段防止非授权用户的非法侵入，保证数据的正确性和稳定性。主要包括严格的用户管理机制、敏感字段数据加密、日志与安全审计等必要的安全策略。大数据分布式存储、数据仓库并行的模式将数据加载在大数据管理平台，依据相关规范，制定合理的数据存储及异构数据的关联，对数据可细化到字段级别的安全策略。

八、构建智能数据运行维护中心

智能数据运行维护中心的主要功能在于对整体的大数据平台管理及运行维护，涵盖了对数据平台架构、数据仓储、权限控制等方面的功能，同时，对建模分析控制、标准接口等方面进行管理和控制。提供严格安全审计及用户和权限管理，提供对用户、用户组和角色信息的查看、添加、删除等操作，可对用户分配用户组和权限，支持字段级别的数据加密和权限分配，权限类型包括操作权限和只读权限。

大数据平台集群化管理为整个大数据运行平台集群提供整体的管理和运行维护，包含对平台集群的主机进行添加删除节点等操作，实时控制平台集群的运行性能。同时，提供对整个环境的运行组件和服务组件进行管理和监控。监控大数据平台集群的健康情况，对设置的各种指标和系统运行情况进行全面监控。平台提供了对平台故障的诊断和恢复，及

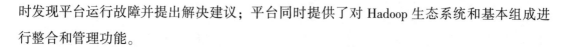

时发现平台运行故障并提出解决建议；平台同时提供了对 Hadoop 生态系统和基本组成进行整合和管理功能。

九、构建智能统一 API 中心

智能统一 API 中心提供了针对大数据平台中的数据存储调用、访问，以及应用开发的统一标准接口，开发人员可通过使用相应的接口对平台进行扩展开发。数据访问接口采用统一的标准接口，封装屏蔽由于语言和工具差异导致的接口差异。开发者只需要通过统一的访问模式即可访问平台数据，进行二次开发。同时，支持用户使用 Python、Java 等多种开发语言访问数据存储平台。

第三节　智慧校园建设内容及应用

根据智慧校园总体架构，智慧校园建设内容主要包括基础设施层、支撑平台层、应用层、应用终端层和技术规范及安全保障体系，每一部分又由若干子功能块构成。

一、基础设施层建设

夯实网络基础，构建智慧校园软硬件环境。对现有设备及技术进行整合升级研究，应用智能终端设备及智能技术搭建智能传感网、建设云服务平台、优化基础设施运行维护，逐渐达到智慧校园所需的软硬件环境要求。智慧校园基础设施建设是智慧校园平台的基础设施保障，为智慧校园的各种应用提供基础支持，为教育大数据进行大数据分析与数据挖掘提供数据支撑，该层主要包括智慧校园基础和云服务两方面。

（一）智慧校园基础建设与应用

智慧校园基础主要包括网络基础设施、智慧教育与教学基础设施、基础设施运行维护平台、智能感知基础、计算资源设施、存储基础设施、安防监控设施、公有云资源设施等。

1. 网络基础设施建设与应用

在国家政策的大力支持下，各级各类学校网络基础设施建设取得了巨大成效，随着网络技术的不断升级，接入带宽不断提速，很多学校都建成了百兆网络、千兆网络，甚至万兆网络；很多学校已实现有线网络和无线网络全覆盖，校园网络实现多线路出口；建设标准化、规范化、技术领先、高安全性的数据中心机房，配合综合基础管理平台实现自动化管理。

各学校在网络基础设施建设方面取得了巨大成绩，能满足数字化校园建设阶段需求，但仍不能完全满足智慧校园建设的新需求，在充分考虑前沿技术及未来发展趋势的基础上，各学校应从学校及师生规模、校区布局、人力物力、资金支持等方面进行智慧校园基础设施的全面规划，建设既满足现有业务需要，又能支撑未来业务和功能扩展的高可用智慧校园基础设施。在智慧校园基础设施规划中，要设计灵活健壮的网络拓扑结构、科学的网络布线、先进的数据中心机房、性能良好的网络设备以及计算终端设备，合理规划设计智能系统等。

2. 基础设施运行维护平台建设与应用

平台集成所有服务器设备、网络设备、智能终端等基础设施，经过信息化方式实现一体化的自动化管理，融预警、报警、短信提醒、远程监控为一体的智能运行维护平台，实时掌握设备的运行状态和周围环境状况，研究平台运行维护管理智能化建设，监控学校网络设备、服务器、虚拟主机、数据库、中间件、应用系统、机房环境，进行网络拓扑管理及故障分析等，能快速定位设备故障，提供自动修复功能或智能给出故障解决方案。

3. 智能感知基础建设与应用

感知智能是指将物理世界的信号通过摄像头、麦克风或者其他传感器的硬件设备，借助语音识别、图像识别等前沿技术，映射到数字世界，再将这些数字信息进一步提升至可认知的层次。

随着信息技术的快速发展，大数据、物联网、云计算、人工智能等技术的应用越来越广泛，智能感知技术也得到了快速发展，智能感知技术逐渐在各行业被认可和使用，比如，环境感知、位置感知、状态感知、身份感知、行为感知、图像识别、语音识别、生物识别（人脸识别、指纹识别）、智能搜索、生活预测、人机交互等。

4. 计算资源设施建设与应用

计算资源一般指计算机程序运行时所需的 CPU 资源、内存资源、硬盘资源和网络资源。建设虚拟化计算资源池，整体计算物理核心、逻辑处理单元、运行内存可根据学校实际业务需求进行配置，配置虚拟网络总线实现万兆，提供数据库、应用、中间件等底层资源支持，可实现计算资源的无缝转移和有效利用。研究服务器虚拟化、存储虚拟化建设，为学校各级部门提供云计算资源，为师生提供云存储服务。

5. 存储基础设施建设与应用

建设大容量存储资源池，重要区域使用双机光存储保障各系统的安全和性能，另外，

配合虚拟化存储池及大容量独立网络存储实现大数据量教学资源的存储。如应用虚拟化技术构建云桌面，为师生提供网络存储空间。

6. 安防监控设施建设与应用

结合学校安全保卫工作实际需求，安防监控建设项目以高清视频监控为应用基础，总体规划布局，有序实施、平稳过渡，最大限度地保护学校资产和师生员工的生命财产安全。

建设一套技术先进、系统稳定，以大安全大数据理念，集成包含治安监控、安全预警、交通管理、调度指挥、舆情管理、安全宣导、系统安全等功能的安防监控系统，真正做到事前有效预防、事中有效控制、事后有效取证，将各种资源进行有机融合，形成人、物、事的安全管控管理闭环，充分利用现代信息技术提高校园综合安防监控与管理能力。

安防监控系统主要功能包括：网络与传输系统、视频监控系统、交通管理系统、安全预警系统、应急调度指挥系统、安全宣传系统，功能覆盖整个校园的治安监控、智能行为分析、智能感知管理、校园车辆出入口管理、校内车辆超速抓拍、安全预警物联网监测、重要设备物资监管、应急可视立体指挥、安全教育与引导信息发布等。同时，通过打造安全智能准入管理、行为日志记录管理等安全管理系统提高安保系统工作管理水平，加强安保系统安全能力。系统中各子系统子模块在综合安防管理平台下互联互通，统一管理。

安防监控系统可按应用场景配置设备，采用高像素高清摄像机，具备红外夜视功能，具备前端区域入侵、拌线入侵、场景变更等智能分析功能，并且与报警、智能感知模块进行联动，保证图像传输。系统功能调度方式联动视频监控系统，实现报警联动功能，如自动弹出报警点附近关联的摄像头监控画面。

安防监控系统可实现智慧安消资源管理、重点区域环境及设施设备运行状态物联网采集、出入口应急人员疏散执行管理、安全大数据分析及预警应用、应急调度指挥等功能。在校园重点区域环境及重要设施设备运行状态进行物联网数据采集。该系统可做到对校内各类安消主机设备进行信息联网融合，能够对消防报警探测器，对告警和故障等数据进行实时采集；可做到对管网水系统管道水压等数据的实时采集和分析、压力异常报警；可做到对蓄水箱池液位状态的实时采集和分析；可做到对弱电井等高风险位置区域安消探测器的告警和故障信息的实时采集和分析，实现安消自动报警、警笛警号联动、区域视频联动；可做到建筑物滞留人员和疏散通道人流情况探测的数据实时采集、分析、告警。该系统还具有安全大数据分析及预警功能，实现综合智慧安消资源管理信息、重点区域环境及设施设备运行状态物联网采集，以及人员分布与人流疏散情况进行数据实时查询和多维度分析，建立安消预警分析标准库和预警预判模型。

安防监控系统具备通过告警发生率和处置率、故障的发生率和处置率、安消物质资源的完好率进行时间维度、区域维度等多维度的灾害和处置能力预警分析功能；可以对消防报警进行统计，分析最易触发火警的区域，从而进行重点监控；具备对人员日常工作闭环监督管理数据分析功能，实现安消工作执行力综合分析；可以生成各类报表，以曲线图、直方图或饼图形式进行分析结果的图形化综合呈现；具备在电子地图上呈现告警、故障、资源资产等与位置有关的指挥调度参考信息功能。

安防监控系统具有物联网智能感知功能。通过前端物联网设施设备的数据采集，对人、设施设备、区域环境的信息进行采集与管理；通过物联网技术实现对校园内人员活动状态的感知和联动，能够获取人员分布统计、人流统计等状态数据，支撑重大节假日、重大群体事件、重要校内活动的人群管理，支撑安全管理和应急疏散预案执行和效果评估；通过物联网技术实现对校园内资源设施设备运行状态的感知和联动，如水资源储备或水资源质量等，能够获取灾害告警和故障数据，支撑安全预警建模分析；通过大数据和移动互联网技术，实现对校园内高危区域环境状态的安消感知监测和联动，如易燃易爆或危害人员安全的气体环境等，支撑安全预警建模分析；通过远程联网监测协议转译和联动，实现对校园内主要建筑体安消主机设备运行监测，支撑安全预警建模分析。

安防监控系统能视频监控覆盖校园，重点区域实施多角度监控，具备夜视功能；建有集中监控中心和监控调度屏幕墙，能通过校园数字广播系统实现对监控区域喊话警示；具备门禁管理功能，对学生生活区等重点区域应配备智能报警设备；具备智能面部识别功能。

7. 公有云资源设施建设与应用

为学校调用公有云资源提供软硬件支撑环境，如服务器设备、存储设备、网络环境等。

（二）云服务

云服务包括私有云服务和公有云服务。私有云服务主要提供数据库服务和虚拟服务器服务，数据库与服务器是智慧校园海量数据汇集存储系统，数据库包括业务数据库、中心数据库、数据仓库等，服务器包括应用服务器、文件服务器、资源服务器等。公有云服务实现调用公有云上的资源与服务。

1. 私有云服务

私有云是学校自己建设的云服务，因而能提供对数据、安全性和服务质量的最有效控制，学校拥有私有云所有的资源。

（1）业务数据库

业务数据库是记录业务操作的过程数据。提供业务查询、统计等数据，为运行维护提供业务查询、统计等数据运行维护服务，向中心数据库提供共享视图，接收从中心数据库分发的其他业务数据。

（2）中心数据库

通过数据总线集成各信息系统的共享数据，并根据应用需求和权限配置将共享数据及时分发到相应信息系统；具备对非标准数据的格式转换和数据清洗功能；负责信息编码标准的管理和执行；提供数据运行维护管理支持；具备统计分析功能。

（3）数据仓库

数据仓库是在企业管理和决策中面向主题的、集成的、与时间相关的大容量的和不可修改的数据集合，为企业提供数据挖掘和决策支持的系统；能为企业提供智能化的业务流程改进、智能控制时间管理、成本管理及质量管理。通过抽取、清洗集成校内核心信息系统数据，按不同的主题组织系统数据，实现自动化管理与数据的高效访问。

（4）应用服务器

为降低成本，节约能源，可把高性能服务器进行虚拟化设置。一台服务器可映射成若干虚拟服务器，应用服务器使用虚拟化计算资源，动态分配应用服务器，可根据应用的计算要求调整计算能力，可根据应用结构实时负载分配，可根据系统要求提供各种操作系统的底层支持。

（5）文件服务器

使用虚拟化存储资源池，可动态调整文件服务器的存储能力，可实现在多个不同类型的存储池中迁移，可配合应用服务器实现独立的文件读取上传功能。

（6）资源服务器

建设独立的资源服务存储池，根据教学资源、图书资源、视频资源的特点采用大容量的专用存储实现资源存储。实现学校大资源的专门化存储。

2. 公有云服务

公有云服务通常指第三方提供商为用户提供的能够使用的云服务，公有云服务一般通过 Internet 进行资源访问使用，公有云服务的核心属性是共享资源服务，公有云服务实现学校调用公有云上的资源与服务；学校根据信息化建设需求，实现按需购买公有云服务资源，如云计算资源等。

二、支撑平台层建设

支撑平台层是智慧校园的核心层，为智慧校园的各类应用提供驱动和支持，包括数据中台和服务中台两部分。

（一）数据中台

数据中台主要解决的是教育数据"存、通、用、智"的问题，通过采集留存在各设备、各系统中的数据，打通各部门的"数据孤岛"，进行全局数据运营，为各部门提供数据分析和挖掘支持，建设智能场景应用。数据中台主要包括数据交换、数据处理、数据服务等。

1. 数据交换

数据交换是将分散建设的若干应用系统或设备所产生的数据进行整合，提高信息资源的共享与利用率。通过计算机网络构建的数据交换平台，保障分布异构系统之间互联互通，通过数据交换实现各类数据在大数据中心汇集，进一步实现数据的抽取、清洗、集中、加载、传播和展现，以构造统一的数据处理和交换模式。

通过梳理、分析各类业务需要的数据交换流程，按照执行标准、权威数据、过程数据的分类对交换流程进行划分，坚持数据"谁产生、谁维护"的原则，制定学校的信息采集、交换和共享的统一标准。为各应用信息系统之间提供数据交换的统一通道，使数据交换达到准确性、高效性及畅通性，最终实现数据的交换与共享，为学校大数据中心提供一个可靠的数据采集通道。既能实现数据的实时、定时、轮循、心跳、批量、增量采集，还能实现消息、数据的实时推送，也可为学校"一站式"服务平台提供实时的数据交换服务。数据交换平台支持非结构化的课件、文本、图片、音视频等资源的采集，为资源数据仓库提供统一的数据交换和共享机制。

通过数据交换平台，实现不同系统、不同结构的数据通过数据交换平台和公共数据平台很好地进行连接，充分数据共享，这大大提高了学校各方的办事效率。通过数据交换平台实现数据整合、构建数据容灾平台，保障数据安全、应用大数据分析，促进数据流转与共享，方便用户获取信息；通过数据交换平台与校园感知平台实现信息自动采集，提高采集的准确性和可靠性，建立全校统一的信息资源标准，为其他业务系统提供标准数据格式。在数据交换平台实时交换下，从各自独立的业务数据库抓取学校核心数据、重要数据，汇聚到大数据中心库，为学校发展决策提供数据分析夯实基础。

数据交换主要包括数据存储、数据汇聚与分类、数据抽取、数据推送等。

（1）数据存储

将产生的结构化数据和非结构化数据持久地存储在计算机内部或外部存储介质上，数据存储反映系统中静止的数据，表现出静态数据的特征。

（2）数据汇聚与分类

数据汇聚是把具有共同属性或特征的数据归并在一起，通过其类别的属性或特征来对数据进行区别；把具有相同内容或相同属性的信息，以及需要统一管理的信息放在一起，而把相异的或需要分别管理的信息区分开来，然后确定各个集合之间的关系，形成一个有条理的分类系统。

（3）数据抽取

数据抽取是从源数据中抽取数据的过程，即从源数据系统抽取目的数据系统需要的数据的过程；数据抽取的方式包括全量抽取、增量抽取。

（4）数据推送

根据特定的业务，将校验完的数据推送到预定的系统，以便完成后续的业务流程。

2．数据处理

数据处理的基本目的是从大量的、可能是杂乱无章的、难以理解的数据中抽取并推导出对于某些特定的人来说是有价值、有意义的数据。数据处理包括数据挖掘、大数据分析、数据融合和数据可视化等。

（1）数据挖掘

数据挖掘是指从大量的数据中通过算法搜索隐藏于其中信息的过程。数据挖掘也称为数据库中的知识发现，是对数据的深层次分析，采用自动或半自动化的方法在数据中抽取隐含的、未知的、潜在的、有价值的信息和规则。数据挖掘技术主要应用于数据分析和决策支持。数据挖掘的基本步骤包括分析数据、整合数据、建立模型、理解规则、实施应用、预测未来等。提供针对教育行业关于学习、教学、管理、日志、互联网等数据的特定算法及模型库，以及针对高校开发的成绩标准换算、成绩预测分析算法、协同过滤推荐等行业算法库。

（2）大数据分析

通过实时监测、跟踪研究对象所产生的海量数据，通过加工、整理和分析，使其转化为有用的信息，并进行数据挖掘分析，发展出有规律性的东西，通过关联分析，最终得出研究结论和对策。

（3）数据融合

数据融合是将多信息源的数据和信息加以联合、相关和组合，以便获得更大的数据价值。

（4）数据可视化

借助于图形化手段，清晰有效地传达与沟通信息，将数据库中每一个数据项作为单个图元元素表示，大量的数据集构成数据图像，同时，将数据的各个属性值以多维数据的形式表示，可以从不同的维度观察数据，从而对数据进行更深入的观察和分析。

3. 数据服务

数据服务包括数据安全服务、数据报表服务、数据共享服务等。

（1）数据安全服务

通过采用各种技术和管理措施，使网络系统正常运行，从而确保网络数据的可用性、完整性和保密性，确保经过网络传输和交换的数据不会发生增加、修改、丢失和泄露等。同时，通过严格的授权角色及权限控制功能，保证平台及数据安全。通过结合数据多副本、数据加密技术、加密传输技术等保证平台的安全访问及可靠保证，并同时建立规范化的安全访问体系。

（2）数据报表服务

提供表格、图表等格式来动态显示数据。

（3）数据共享服务

建立统一的数据交换标准，规范数据格式，并建立相应的数据使用管理办法，使各系统尽可能采用规定的数据标准，实现数据在各系统中畅通流转，实现真正的数据共享。

（二）服务中台

服务中台是构建具有独立的高内聚低耦合的微服务模块中心。它主要实现具有安全性、开放性、可管理性和可移植性的中间件和服务接口等，同时，以微服务的架构模式实现各种平台包括身份认证、统一门户、微应用（微服务）、权限管理、菜单管理、访问控制等。

服务中台设计原则：以教育大数据为核心，围绕核心业务进行整体设计，重点是明确业务规则和逻辑实现。

服务中台主要包括接口服务和支撑平台两部分。

1. 接口服务

接口服务是智慧校园实现安全性、开放性、可管理性和可移植性的中间件，如 API 接口、B/S 接口、C/S 接口及一些个性化接口等。

（1）API 接口

基于数据中台对基础性数据的处理结果提供统一的本地调用接口，并约定所有本地接口的调用规范、调用模式、调用数据格式等，实现在不同平台、不同开发语言下的统一调用接口。

（2）B/S 接口

基于数据中台对基础性数据的处理结果提供统一的 Web API 接口，全面支持 RESTfull、SOAP 等协议，实现 Json、Xml 等多种交换格式，约定所有 B/S 接口的调用规范、调用模式、调用数据格式等，实现统一调用接口。

（3）C/S 接口

基于数据中台对基础性数据的处理结果提供统一的 C/S 调用接口，实现基于 Socket、RPC、Web Socket 等常用协议的接口，并约定所有接口的调用规范、调用模式、调用数据格式等，实现在不同平台、不同开发语言下的统一调用接口。

（4）个性化接口

基于数据中台对基础性数据的处理结果及具体业务需求提供个性化的接口。

2. 支撑平台

支撑平台包括身份认证平台、统一门户平台、微应用（微服务）平台、敏捷流程再造与应用中心、权限管理平台、菜单管理平台、访问控制平台等。

（1）统一身份认证平台

统一身份认证平台是学校统一、开放、安全的授权认证平台，是为用户提供"一站式"服务的基础和前提。学校可以根据自身特点和条件设计统一认证方案，如 IP 认证、第三方系统认证等。通过身份认证平台进行系统集中，实现用户角色和组织机构统一的权限管理，实现校内各种应用系统间跨域的单点登录，即用户只需登录一次即可访问集成的所有资源，而不需重复登录。统一认证平台包括身份认证、用户管理、权限管理、目录服务、审核管理、认证集成等。通过统一身份认证平台，实现用户、认证和权限的统一管理。

（2）统一门户平台

统一门户平台将各种应用服务、数据资源和互联网资源集成到统一的平台，实现跨系统的、异构的数据资源的统一集成，为学校各类用户群提供快速准确地获取有效信息的入口。

（3）微应用（微服务）平台

基于数据中台，建设"大平台+微服务（微应用）平台"，为微应用（微服务）开发提供业务支撑。

（4）敏捷流程再造与应用中心

通过敏捷流程再造和应用中心，实现对应用资源的二次利用，根据业务需求快速实现流程修改与再造、业务创新、持续交付。未来建设的系统都能顺利接入智慧校园软件大平台，实现与整体框架的集成对接。

（5）权限管理平台

通过统一的权限管理系统，集中对用户进行管理。根据系统设置的安全规则或者安全策略，用户可以访问而且只能访问自己被授权的资源。

（6）菜单管理平台

通过统一的菜单管理系统，根据用户组需求，可灵活勾选或取消其可访问的菜单选项。

（7）访问控制平台

访问控制可有效地防止未授权的用户对资源进行访问，从而保证设备或系统是在合法的范围内使用。访问控制通常用于系统管理员控制用户对各种资源的访问。

三、应用层建设

应用层是智慧校园应用与服务的具体体现，在支撑平台层的基础上，构建智慧校园的环境、资源、管理和服务等应用，为师生员工及社会公众提供各类服务。

（一）智慧教育教学应用

依托实体的教育教学环境、虚拟的教育教学环境或虚实相结合的混合教育教学环境，为学校智慧教育教学提供智慧服务，主要包括智慧教学平台和智慧教育教学资源。

1. 智慧教学平台

智慧教学平台是智慧校园的核心业务应用平台，是智慧化学习、教学的开展环境，是实现信息技术与教育教学深度融合、促进教育理念和教学方式的深刻变革、提高教育教学质量的基本手段。

（1）智慧课堂教学应用

智慧课堂是基于动态学习数据分析和"云、网、端"的运用，创建智能、高效的智能课堂环境；以教室为单元的高密无线局域网环境，支持跨系统的移动终端设备无线投射到教室的投影仪、大屏幕或学生手持设备中，实现全体师生在教室内高速、高效完成无障碍的交互；根据角色不同，建立教师和学生类型移动终端，教师端提供教师进行智慧教学的基本工具，实现备、教、改、导、考、管的全场景教学应用服务；学生端为学生提供学习工具、任务工具、交互工具和考试工具等多种学习应用，并能够接受教师端的组织及控制。

智慧课堂具备以下几方面功能：

①在线备课功能。教师通过智慧在线平台可以在线设置课程、创建课程、设置学分考核机制和课程展示模板等，学生通过智慧在线平台可以实现在线学习、在线阅读、在线提问、在线作业、在线考试、在线互动；学校管理者通过智慧平台可实现对师生的教育教学活动进行监管、学分审核、学分授予等。

在线备课功能可实现以下几个功能：第一，课程共建。支持多人共建一门课程，支持师资共用即在教学平台中的教师可相互选择组织课程开发团队，成为课程共建人。第二，辅助教学功能。为了减轻教师的教学工作量，提供简单易用的慕课制作工具，为教师提供辅助教学功能。第三，快速建设功能。通过选择模板、编辑课程信息、编辑课程章节内容，实现快速建课。

②课堂线上互动功能。支持师生在课堂上使用教室屏幕广播、师生多屏互动、小组讨论多屏互动等功能。实现屏幕广播、课堂细节展示、定向学生示范；笔记本电脑、智能终端等设备与平板投影仪多屏互动等功能；实现课堂问答、课堂测验、课堂抢答、课堂投票、随机选人、资源调用等功能。

③课堂信息采集功能。智慧课堂可以完整地将课堂测验记录、考勤记录、屏幕录制、课堂笔记、授课 PPT、教学资料等数据进行采集整理及自动归类，通过大数据分析，形成一套可用的高质量课堂教学资源，并上传到学习平台，可对资源设置访问权限并在一定范围内共享。

④课程资源。智慧课堂可通过备课系统进行课堂授课，教师可在课堂上直接使用备课系统中已经创建好的课程及资源，包含课程章节内容、作业模块、考试模块、资料模块、学生管理等内容。教师在课堂上可以随时调用平台中事先准备好的教学内容，实现课前、课中、课后的连贯性。

⑤云盘资源。教师的个人云盘可以直接对接智慧课堂平台，教师可以随时随地调用云盘资源，支持常规文档格式的在线预览功能，下载过的资源自动缓存到本地，避免大文件反复下载，节省时间。

⑥教案资源。教案是专门针对课堂而存在的一个功能模块。教师备课时，可以使用不同的终端对某一课堂所需的资源进行访问，经过资源编辑最终生成课堂所需的教案资源。教案资源内容包括文字、视频、图片、教学互动控件等；课堂上，可以灵活使用教案资源进行教学，同时，如果课堂临时发起了一些课堂活动，也可以以教案资源的形式进行保存

上传，以便用于以后堂课的重复使用。

⑦题库、试卷库资源。智慧课堂支持题库共建，在课堂上或课外，教师可随时从题库或试卷库中调用相关内容与学生发起互动；同时，课堂上临时创建的题目也可以保存到题库中用于之后的重复使用。

⑧智慧桌椅。智慧教室支持教师根据不同的教育策略、教学方法灵活地实现多模态、多组合的课堂场景模式，让教师在教育教学过程中可以顺利实现分组式研讨教学。

⑨触摸式电子白板。触摸式电子白板主要由硬件电子感应白板（White Board）和软件白板操作系统（Activ Studio）集成。它的核心组件由电子感应白板、感应笔、计算机和投影仪组成。触摸式电子白板应用于教学过程可增加视觉效果、增强互动性，提高教师的教学质量，使学生积极主动地参与教学过程、参加教学讨论、回答教师提问，能更好地激发学生的学习兴趣，活跃课堂气氛。

⑩课堂录像采集与课堂数据采集。智慧课堂可以和录播系统对接，录制的视频可以直接进入智慧课堂对应系统，并通过与学习平台的对接上传到学习平台，成为课程建设的素材，方便师生随时随地调取、编辑和使用素材。

⑪课堂质量报告。智慧课堂结束之后，会形成一套课堂质量报告。智慧课堂系统可以对课堂教学活动全过程做完整的记录，可以对课堂的教学情况一目了然。智慧课堂系统能够统计、分析、监控课堂中所有的教学活动，最终形成一套课堂质量报告，进一步方便学校管理。所有的统计数据均支持列表化与图表化，同时，支持原始数据导出，方便学校做个性化的课堂统计分析。

（2）智慧在线学习平台应用

提供教学、学习和管理的"一站式"教育教学服务，能灵活嵌入各级各类教育资源的公共服务平台，实现与多种信息化平台对接，利用教育大数据深度分析学生在校学习期间的学习生活轨迹，进行数据量化与标准化，提供学生群体个性化分析大数据报告；利用教育大数据深度分析教师教育教学活动，对其进行分析与评估，生成教师的教学质量报告；利用教育大数据对学校软硬件资源进行分析，建立学校常态化周期性自我诊断机制，促进学校的教学能力持续提升与发展。

（3）虚拟仿真实训应用

针对学校实践性教学的需要，通过建立数学模型及载体计算机系统，利用物理效应模型及设备、部分实物组成仿真实训环境，对实际系统进行仿真，对现实操作环境进行模拟，实现对真实生产过程的模拟，模仿出真实的工作环境、工作程序和动作要求。基于虚拟仿真实训系统，让学生以角色扮演的方式参与互动，学习者可通过键盘、鼠标、操纵

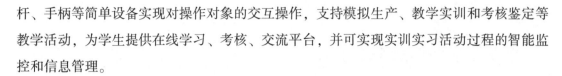

杆、手柄等简单设备实现对操作对象的交互操作，支持模拟生产、教学实训和考核鉴定等教学活动，为学生提供在线学习、考核、交流平台，并可实现实训实习活动过程的智能监控和信息管理。

2. 智慧教育教学资源

智慧教育教学资源建设与应用是智慧校园建设的重要任务，也是学校开展信息化教育教学应用的基础。通过建设教学数字资源平台和共享服务平台，推进网络在线课程资源和仿真实训实习资源建设，并实现与其他共享资源平台互联互通，以丰富学校的数字资源，提高学校教育教学资源服务的能力。

（1）教学资源平台建设应用

教学资源平台以校本资源为核心，提供符合本校特色的教育教学资源，提供资源整理分类、在线预览、存储管理和应用服务等功能，支持开发教学课件、教学课程；提供微课程管理与应用服务功能；提供体系化、习题化与动态化的微课程资源服务。

（2）网络课程资源建设与应用

根据学校专业教学需要，网络课程资源主要包括网络精品课程、网络公开课、在线开放课程、网络选修课等网络课程资源。通过网络课程学习平台，支持教师对网络课程资源的上传下载、在线维护、课程在线建设等；支持学生对网络课程的检索与学习；支持在线对网络课程评价，实现对网络课程在线使用过程和效果的评价。

（3）仿真实训实习资源建设与应用

根据学校实践教学实际需要，可建设多种类型的仿真实训资源，形成丰富的仿真实训数字化资源体系，重点突出专业类仿真实训资源建设，大力构建基于互联网、虚拟现实技术的仿真实训资源，包括桌面级虚拟仿真实训、沉浸性虚拟仿真实训、增强性虚拟仿真实训及分布式仿真实训等软件，以便大范围共享应用；探索对特定专业主干课程进行全仿真的资源建设，对无法实际体验、参与或无法实地观察的实验、实训环节，可利用仿真软件来支持实习实训的指导与训练过程，在仿真环境引导下完成学习任务。

（4）数字图书和档案资源建设与应用

针对本地区、本学校的特点，搭建具有本校特色的资源数字化硬件和软件平台，构建具有地区行业职业特色、学校专业特色的数字教育资源体系。利用新技术、新媒体提升数字图书服务的智能化水平，建立全校文献资源共建共享的文献集成管理系统，基于RFID智能识别技术构建虚拟馆藏文献定位系统，基于移动互联技术建立移动阅读系统，基于智能推送技术实现个性化服务；面向学校档案馆的核心业务，搭建档案信息采集、存储、归档、管理、检索和服务的智能环境，确保电子档案归档完整、准确、系统和快捷，提高档案管理数字化、智能化水平。

（二）智慧管理与服务应用

智慧管理应用主要满足行政管理、教学管理、科研管理、人力资源管理、资产管理、财务管理等协同办公的管理信息系统。智慧服务应用是以信息技术为手段，为教学提供基于互联网的智慧校园服务支撑体系。

智慧管理与服务平台是智慧校园业务管理和生活服务的重要平台。以网络协同办公平台为基础，通过建立智能化综合管理平台、智慧校园生活服务平台、校企合作信息服务平台，并建立学校教育大数据挖掘和分析平台，创新学校教育管理和生活服务模式，更好地服务学校广大师生和领导决策，以提高学校教育信息化治理能力。

1. 智慧 OA 系统建设与应用

整合优化办公业务流程，以电子化的方式实现公文收发、交换和存档的管理，支持学校实现电子公文一体化运转；提供审批管理功能，基于可自定义的电子表单与图形化工作流程，实现远程电子审批，满足校内各种各样的事务审批需求；提供网上事件协作办理，通过请示汇报、任务下达、信息互通、任务互助、工作协调等事件处理，形成基于信息的协作办公模式；建立移动办公系统，基于智能移动终端的移动应用，全面支持多种客户端应用，实现校内校外全天候移动办公处理。

2. 智能综合管理平台建设与应用

基于校园基础支撑平台和现有各类管理业务系统，进行集成化建设，提高管理的一体化、智能化水平。系统能够适应学校各类管理业务需求，利用统一的业务应用集成平台和新一代信息技术手段，建立智能化的业务管理系统，如基于数据统计分析的人事综合管理系统，基于智能排课、智能评价的教学综合管理系统，基于资源整合、知识管理的科研综合管理系统，基于物联网、智能感知、智能监控的资产设备与安全综合管理系统，等等，支持学校管理流程优化与再造，提高校园管理效率与管理智能化水平。

3. 智慧校园生活服务平台建设与应用

构建智慧化一卡通系统，实现一卡通数据传输网络化、用户终端智能化和结算管理集中化；构建智能可视化安全防范系统，建立语音视频监控、入侵报警、电子巡更等系统模块，对监控区域实现全天候的实时监控，实现远程控制和报警联动等功能；构建校园节能管理系统，应用先进的能耗监测和技术手段，完成能耗数据的数字化采集、统计和分析，有效支撑学校的节能减排工作；搭建师生健康管理服务平台，实现健康物联网、健康云平台与健康大数据资源的整合，面向个人提供多维度、多层次、一体化的健康管理服务。

4. 大数据决策分析平台建设与应用

建立大数据采集机制，采用"伴随式收集"方式，对教育及管理过程中产生的教育教学数据、用户访问行为数据、管理数据等统一采集、汇聚到大数据平台中，形成学校教育大数据；提供大数据治理功能，利用技术手段在数据整合过程中对数据采集、转换、加载、使用、消亡的全生命周期进行实时质量监控和定期质量审计，确保数据的完整性、及时性、准确性；提供大数据决策分析和推送应用功能，利用数据分析和挖掘技术，从不同维度对各类大数据进行相关分析，进行在线数据分析和图形呈现，为学校科学决策提供数据支撑和智能化信息推送服务。

（三）智慧科研应用

智慧科研应用实现科研项目、科研团队、科研成果、科研奖励等全过程管理，以及科研数据智能统计与分析，实现科研业务管理的信息化、网络化、智能化服务。

（四）网上办事大厅

网上办事大厅实现日常办事网上申请、网上审批，并可实现流程的可定制化、推送智能化，实现移动办公的目的。

网上办事服务大厅以"简化、优化、便民、高效"为原则，推动部门之间服务相互衔接与联动，实现数据集中、应用整合及流程优化再造，致力于打造校园"一站式"办事服务平台。

（五）可视化展示平台

可视化展示平台是基于校园物理环境，以真实校园整体为蓝本，利用网络技术、虚拟技术等信息化技术，完成校园的可视化地理信息系统的搭建，实现校园多维度的虚拟展示和呈现，并在此基础上提供场景数据的可视化服务和智能应用的打造。

数据的可视化是对校园内的空间位置数据进行采集与业务属性数据关联，结合校园的管理、生活、科研和服务的实际需要，实现静态、动态数据接入和呈现。

通过可视化展示平台，结合场景智能应用，实现基于学校空间位置的应用打造，为校园师生提供智能化的服务。

（六）管理预警与决策支持系统

通过全面的数据分析，给各层级领导、管理者的决策提供数据支持。利用大数据技术生成各种预警信息推送给相关人员，以便其及时掌握各种特殊情况从而迅速处理；利用各种分析统计方法和大数据技术，自动生成并智能推送领导决策需要的各种相关信息。

四、应用终端层建设

应用终端层是接入访问的信息门户，用户可以通过统一身份认证平台"一站式"门户，以浏览器或移动终端访问，随时随地共享平台资源和服务，它包括用户和接入访问两方面。

（一）用户

用户主要包括教师、学生、管理者、社会公众等群体。

（二）接入访问

用户可以通过网页浏览器或移动终端接入访问，以获取资源和服务。

五、技术规范及安全保障体系建设

信息安全体系是贯穿智慧校园总体框架各层面的安全保障系统，智慧校园的信息安全保障包括物理安全、网络安全、主机安全、应用安全和数据安全。

（一）组织保障

1. 成立领导小组

成立教育信息化领导小组、智慧校园建设领导小组，负责组织智慧校园规划、建设、应用等工作。

2. 成立智慧校园建设专家委员会

在智慧校园建设领导小组下设立智慧校园建设专家委员会，为智慧校园建设提供智力支持。

3. 组建智慧校园建设人才队伍

配齐配足学校教育信息化专门机构工作人员，并在重要职能部门或学校设立专职岗位，以满足智慧校园建设所需的信息化技术人才队伍。

（二）机制保障

1. 制订智慧校园建设规划

制订智慧校园建设规划。统一设计、科学布局、合理实施智慧校园建设。

2. 制定智慧校园建设管理制度

制定智慧校园建设相关的管理制度，以确保智慧校园建设的各个环节能顺利实施，达到智慧校园规划的要求。

3. 发挥决策机制作用

定期召开教育信息化领导小组会或智慧校园建设领导小组会，领导小组要对学校信息化建设情况总体把控，对智慧校园建设中的重大事项进行充分论证，做出科学决策，确保智慧校园建设符合学校自身发展需要。

4. 建立资金保障体系

设立统筹的教育信息化专项资金并纳入学校年度预算，做好教育信息化经费保障，建立长效投入机制。

5. 建立考核激励机制

将教育信息化工作纳入学校年度考核，建立灵活有效的考核激励机制，促进信息化研发成果的转化应用。

6. 加强人员培训

定期培训教育信息化管理队伍和技术队伍，提升技术人员业务水平，定期培训学校师生用户，提高师生信息化应用能力。

（三）安全保障

1. 物理安全

保证信息系统设备的物理安全应具有成套的电力保障和不间断电源设备，良好的消防灭火措施、监控及门禁等，机房防雷、防盗、防尘、防静电符合相关要求。

2. 网络安全

建设多区域应用级出口防火墙和服务器区多层防火墙，对系统进行 3~7 层隔离保护；建设综合备份一体机设备，可实现重要系统的自动备份及快速恢复；建设流量控制系统，增强流量控制技术及恶意攻击监测技术，可有效防止对内对外的大数据量攻击。对接公安系统，实现数据流实时监控，随时掌握数据安全情况，并对访问行为记录在案。

3. 系统安全

各信息设备及信息系统建立严格的管理维护制度，明确管理职责，责任落实到人。建立定期巡查机制，有专人对设备及系统进行定期巡查，记录安全情况；建立数据安全备份机制，重要数据每日自动异地备份，业务系统要有数据级别备份和整机备份，并制定有数据/系统恢复手册。建立日常安全监测预警机制，定期对服务器系统进行安全扫描，并形成安全报表；建立应急预案，对安全问题进行分级处理；专业技术人员要定期组织培训及应急演练，提高安全防范能力。

4. 内容安全

对网络舆情进行有效监测和及时处理，落实国家相关信息系统安全等级保护制度，完善上网行为管理技术措施。

5. 异地灾备

构建异地灾备系统。构建一套或者多套相同的应用或者数据库，起到灾难后可立刻接管系统的作用。

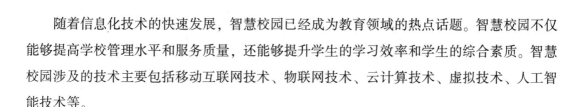

第二章　智慧校园的关键技术

随着信息化技术的快速发展，智慧校园已经成为教育领域的热点话题。智慧校园不仅能够提高学校管理水平和服务质量，还能够提升学生的学习效率和学生的综合素质。智慧校园涉及的技术主要包括移动互联网技术、物联网技术、云计算技术、虚拟技术、人工智能技术等。

第一节　移动互联网技术及其教育应用

一、移动互联网技术的概述

移动互联网技术既具有移动通信技术的便捷性、时效性、移动性等特点，又具有传统互联网覆盖面积广、多应用程序支持的优势，满足了人们不受时空限制地获取信息、进行事务处理的需求。

移动互联网将移动通信和互联网有机地衔接在一起，可以帮助学校师生通过智能移动终端，采用移动无线通信的方式获取服务。移动互联网主要包含终端、软件和应用三个层面。终端层包括智能手机、PDA 智能终端、平板电脑、车载智能终端、可穿戴设备等，软件层包括操作系统、中间件、数据库和安全软件等，应用层包括各类移动应用服务。

二、移动互联网技术的内涵与特征

移动互联网将移动通信和互联网这两个发展最快、创新最活跃的领域连接在一起，并凭借数十亿用户的规模，正在开辟 ICT（信息通信技术）产业发展的新时代。移动互联网不是固网互联网的简单复制，不仅改变接入手段，而且引入新能力、新思想和新模式，进而不断催生出新型产业链条、服务形态和商业模式。

移动互联网的"小巧轻便"及"通信便捷"两个特点，决定了其与 PC 互联网的根本不同。移动互联网具有以下三个鲜明特性：

（一） 便捷性和便携性

移动互联网的基础网络是一张立体的网络，GPRS、4G、5G 和 WLAN 或 Wi-Fi 构成的无缝覆盖，使得移动终端具有通过上述任何形式方便联通网络的特性；移动互联网的基本载体是移动终端。顾名思义，这些移动终端不仅仅是智能手机、平板电脑，还有可能是智能眼镜、手表、服装、饰品等各类人体穿戴随身物品。这些移动终端在移动互联网的技术支持下可随时随地使用，体现出了移动互联网的便捷性和便携性。

（二） 即时性和精确性

由于有了上述便捷性和便携性，人们可以充分利用生活中、工作中的碎片化时间，接受和处理互联网的各类信息，不再担心有任何重要信息、时效信息被错过了。无论是什么样的移动终端，其个性化程度都相当高，尤其是智能手机，每一个电话号码都精确地指向了一个明确的个体。移动互联网能够针对不同的个体，提供更为精准的个性化服务。

（三） 感触性和定向性

感触性不仅仅是体现在移动终端屏幕的感触层面，更重要的是体现在照相、摄像、二维码扫描，以及重力感应、磁场感应、移动感应和温度/湿度感应等无所不及的感触功能。而基于位置的服务（LBS），不仅能够定位移动终端所在的位置，甚至可以根据移动终端的趋向性，确定下一步可能去往的位置，使得相关服务具有可靠的定位性和定向性。

三、移动互联网技术对教育的影响

移动互联网在教育中的应用覆盖教学、科研、管理、生活等多个方面，兼顾个体、部门和整体性业务。移动互联网对教育的影响主要包括教育资源碎片化、教育场景移动化、教育模式按需化和教育形式互动化等。

（一） 教育资源碎片化（或称微化）

教育资源碎片化是指将学习内容进行分割，然后以正式或非正式的方式推送给学习者。其优势是有效利用学习者的碎片化时间，为学习者提供当前需要或感兴趣的学习内容，最有效地满足学习者对知识从不知到知、认识从模糊到清晰的需求。

（二） 教育场景移动化

教育场景移动化是传统的互联网教育与移动网络相结合的产物，实现随时随地按需教

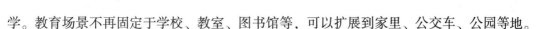

学。教育场景不再固定于学校、教室、图书馆等，可以扩展到家里、公交车、公园等地。

（三）教育模式按需化

移动互联网的到来，智能终端的普及，以及社会化学习、社区化学习的发展，为人们随时学习带来可能和便利，同时，也将改变人们的学习方式。传统的教育模式以教为主，忽略学生个体的差异性，导致教育缺乏个性化。移动互联网支持学习者随时随地通过手机等移动终端搜索和查询学习资源，实现按需学习。

（四）教育形式互动化

传统的网络教育一般需要学员在指定的时间坐到计算机前接受教育，多为单向的固定知识传授。移动互联网和智能终端的普及使交互和互动更加便捷：在学习和生活中遇到问题，学生可以随时打开手机，通过搜寻、查找资料、提问等多种方式，在互联网、学校的教学资源库、与专业教师或其他学生的联系中获得答案和灵感，通过与他人沟通、讨论、交流等过程互相学习。

四、第五代移动通信网络

随着用户需求的飞速膨胀，移动通信技术也在不断地更新换代。全球 4G（第四代移动通信网络）建设方兴未艾，5G（第五代移动通信网络）已随着新型技术和网络架构的研究开发在全球拉开大幕。5G 不只关注人与人之间的通信，还要关注物联网技术。5G 时代，人和人、人和物、物和物都将连成一体。5G 技术具有超高流量密度、超高连接数密度、超高移动性、超高用户体验速率、低时延、高可靠等特性。

（一）5G 技术的特点

从电报、电话到手机，从 1G 到 4G，通信技术的快速发展为人类和社会带来了无尽的便利和福祉。可以从 5G 的特点来进一步了解什么是 5G。

1. 速度快

5G 的速度比 4G 快很多倍，达到 20 Gbps 以上。这不仅对个人用户来说是极大的提升，也是运营商和科技巨头们追逐的目标。同时，5G 的速度还使得我们能够实现更高的网络速度和更高效的通信体验。5G 网络的升级将带来更快的速度、更低的延迟和更大的带宽。

2. 泛在网

泛在网有两个层面的含义：一是广覆盖，二是深覆盖。广覆盖是指我们社会生活的各个地方，都需要广泛覆盖，以前类似高山、峡谷、荒漠等人烟稀少的地方是不会覆盖网络的，但是如果使用 5G 技术，容易覆盖更大面积的区域。在这些区域部署传感器，5G 可以为环境、空气质量及地貌变化、地震的监测等应用提供网络。

3. 低功耗

5G 要支持大规模物联网技术应用，必须有功耗的要求。这些年，可穿戴产品有一定发展，但是遇到很多瓶颈，以智能手表为例，耗电快，甚至需要一天充电一次。如果通信过程消耗大量的能量，就很难让物联网产品被用户广泛接受。如果能把功耗降下来，让大部分物联网产品充电频率降低，就能大大改善用户体验，促进物联网产品的快速普及。

4. 低时延

平时我们说话的声音是怎么传递的呢？讲话震动空气，两个人互相传递，传递的时间是 140ms。140ms 对于人类是能够忍受的，我们从来不会觉得有多大的时延。但是如果控制一架无人驾驶飞机或者一辆汽车，给这个汽车一个信号说刹车，这个汽车还要 140ms 来反应，那就跑了 200m 了，如果是 20ms，也跑了十几米了，这样无人驾驶汽车是不可能变成现实的。

（二）5G 时代教学模式改革的契机

依据 5G 低延迟的特点，5G 技术能带来更为流畅的服务体验，使我们的学习空间将不再局限于教室或者校园，学习会变得无处不在。你随时随地都可以借助 5G 享受流畅的学习体验，以及使用云端的各种教学资源。你的线上学习不再受到电脑的限制，不用再到处找免费的 Wi-Fi，因为 5G 可以为你随时随地提供足够快速的信息传递服务。你在家里甚至是任何地方都可以借助物联网和虚拟现实的技术，获得与真实的教室一样的学习体验，这些在 4G 和 PC 互联网时代是无法想象的。

5G 时代，信息沟通更加迅速和便捷，为人工智能的大规模深度学习提供了重要条件。教学工作是智力密集型工作，教师不仅需要有扎实的专业知识、熟练掌握教育规律，也需要具有高超的教学技巧。当前，人工智能的"机器人教师"在知识量上已经超过绝大多数人类教师，但在教学技巧上还有待提高。

五、移动互联网技术的教育应用

移动教育应用是基于移动互联网、移动程序设计技术和移动智能终端，面向教学与管理，提供泛在、实时服务的应用程序。智慧校园建设中常见的移动教育应用有移动监控、移动办公、移动图书馆、移动学习、移动校务管理、移动学习资源管理等。移动教育应用需求分析如表 2-1 所示。

表 2-1 各构成体系智慧化对移动应用的需求性分析

校园信息化的核心构成体系		移动应用
基础设施与支撑平台体系	数据中心机房、数据库与服务器	移动查询、监控、预警
	网络通信系统	
	感知系统与物联网设施	
	支撑平台层与大数据中心	需要
	校园信息系统安全	移动查询、监控、预警
教学环境信息化	各类教学资源共享与网络教学服务系统	需要
	实习实训教学服务，包括数字化技能教室、虚拟仿真实训室、互动体验室等仿真实训环境建设	需要
教学资源信息化	通用性基础资源	需要
	仿真实训资源，包括仿真实验软件、仿真实训软件、仿真实习软件等	根据项目需求提供移动支持
学校管理信息化	决策支持信息综合服务	需要
	决策支持服务中心	
	教学管理服务	
	学生管理服务	
	教科研管理服务	
	人力资源管理服务	
	办公自动化服务	
	财务管理服务	
	设备资产管理服务	
	后勤信息管理服务	
	校企合作服务	
校园服务信息化	数字场馆服务，包括数字图书馆服务、职业体验馆服务、数字博物馆服务、数字艺术馆服务、数字科技馆服务等	需要
	校园生活服务，包括校园一卡通服务、家校互通服务、校园文化与后勤服务及个性化服务等	
	校园安全服务，包括校园安全教育、校园监控等	
	运行维护保障服务，包括日常巡视、现场技术保障、维修保养等	
	虚拟校园服务	

第二节 物联网技术及其教育应用

一、物联网技术的概述

广义上的物联网是指凡是由射频识别技术（RFID）、传感技术及利用某种物体相互作用而感知物体的特征，按约定的协议来实现任何时间、任何地点、任何物体，以及任何人与人、物与物及人与物之间的互联互通，从而进行网络通信及信息互换，进而实现智能定位、识别、跟踪、监控和管理的一种现代网络技术。狭义上的物联网是指通过相应的信息设备如射频识别（RFID）、红外感应、传感器等，实现互联网与相关物质之间的互通连接，并通过智能化的技术手段进行定位及追踪，从而实现人与物之间的数据信息交流及共享。其主要目的就是通过传感设备及现代化的信息技术，实现对所有物质之间的统一智能化管理。

二、物联网技术的内涵与特征

物联网的基础和核心仍然是互联网，是在互联网基础上的延伸和扩展的网络，物联网的用户端延伸和扩展到任何物品与物品之间，进行信息交换和通信。

（一）用户、物体数字化与虚拟化

物联网是一个将人、物、互联网实现无缝互联的网络化信息系统，并能向用户提供新型 IT 服务。而且物体的数字化、虚拟化使物理实体成为彼此可寻址、可识别、可交互、可协同的智能物，用户利用射频识别（RFID）、传感器、二维码等可随时随地获取物体的信息。

（二）泛在互联

物联网以互联网为基础，将数字化、智能化的物体接入其中，实现自组织互联，将物体的信息实时准确地传递出去，是互联网的延伸与扩展。

（三）利用 IT 技术实现信息感知与交互

物联网是下一代互联网，通过嵌入物体上的各种数字化标识、感应设备如射频识别

（RFID）标签、传感器、响应器等，使物体具有可识别、可感知、交互和响应的能力，并通过与互联网的集成实现物物相连，构成一个协同的网络信息系统。在网络互联基础上，实现信息的感知、采集，以及在此基础之上的响应和控制。

（四）智能信息处理与服务

支持信息处理，为用户提供基于物物互联的新型信息化服务。物联网利用数据融合及处理、云计算、模糊识别等各种智能计算技术，对海量的数据和信息进行分析、融合和处理，对物体实施智能化的控制，并向用户提供信息服务。

（五）自动控制

利用模糊识别等智能控制技术对物体实施智能化控制和利用，最终形成物理、数字、虚拟世界和社会共生互动的智能社会。

（六）产业化

物联网是一个具有巨大市场潜力的信息技术产业，其产业链包含芯片、传感器、射频识别（RFID）标签制造商、设备提供商、软件企业、网络提供商、系统集成商、运营及服务商、最终用户。物联网将为产业链的各个环节带来巨大的商机。

三、物联网技术在智慧校园中的作用

物联网迅速发展，被教育领域采用，使得智慧校园成为可能。物联网对教育的影响主要包括优化教学环境、提升实验实训教学、维护校园安全及管理、缩小区域间的差距等。基于 LoRa、NB-IoT 等技术，建立支持 Zigbee、RFID、蓝牙等多种物联网协议的传感网络，可在智慧校园中实现以下功能：使智慧校园具备校园水、电、气运行状况的感知、传输、监控、预警能力，使智慧校园具备重要教学实验设备、后勤重要设备设施运行状态的感知、传输、监控、预警能力，使智慧校园具备校园食品安全、危险物品和危险实训仪器的感知、传输、监控、预警能力，使智慧校园具备人员位置感知、传输、监控、预警能力，使智慧校园具备车辆进出和停车位置感知、传输、监控、预警能力。

四、物联网技术的教育应用

通过传感器、射频识别技术的运用，物联网可将各种物件互联并实现智能化的数据传递和通信，完成网络内物体的识别、管理和应用等操作。结合物联网的教育应用现状及相关研究，物联网在教育领域中的应用可分为课堂教学、课外学习和教育管理三个方面。

（一）物联网支持课堂教学

1. 实时教学测评

课堂互动反馈是教学中的重要环节，有助于教师了解学生的学习情况，调节教学进程。传统教学模式中，教师常采用察言观色、课堂提问或课堂练习等方式检验学生的学习情况。这些方式存在猜测成分、不能顾及全体、工作量大且反馈不及时等问题。实时教学测评系统基于学生互动反馈系统（IRS），通过学生手中的投票器（多采用有源射频方式）统计学生投票、答题情况，并在教师端设备上显示可视化的统计图形，以便于教师迅速分析结果、调整教学。实时教学测评系统还可通过学生佩戴的传感器手表、眼镜等设备记录学生的多重数据，如脑电图、血压、体温等生理信息及眼动、手部轻微移动等运动信息，引入心理学相关测试技术，测试出学生的紧张程度、注意力状况、动脑情况等，教师根据这些反馈信息调整教学模式，对个别表现异常的学生进行辅导。

2. 指导实验教学，充实实验教学

学校通过实验教学加强学生对课堂理论知识的理解，巩固课堂知识，培养学生设计、观察、分析和解决问题的能力，使学生做到学以致用，是培养应用型学生的重要手段。但是，学生在实验过程中一旦遇到自己无法解决的问题或者发现实验有误时，积极性与热情便会瞬间下滑，可能会对实验敷衍了事，出现抄袭或猜测实验结果的情况，对后续课程和实验的信心与兴趣也有可能受到影响。另外，传统的实验器材有限且存在一定危险性。

物联网的引入充实了实验平台，增加了实验的安全性。物联网的应用表现在：通过让学生佩戴传感器设备，教师可以及时发现学生在实验过程中出现的错误，进而对其进行指导。教师还可以在实验器材上标明数字化属性和使用帮助信息，当学生使用实验器材不当时，实验器材自动报警，教师可以进行及时的指导。此外，教师可以通过分析实验过程中出现的典型问题，完善后续教学过程，提高教学效率。对于存在安全隐患的实验，教师可以通过物联网远程控制异地的实验器材，实时采集实验数据，并以适当的方式将实验数据传递给实验者，实现实验教学的共享性、安全性。

3. 积累教学资源

很多自然科学学科需要大量的实验数据，教师可将各类传感器安装在实验器材上，通过远程控制这些实验器材，实时采集实验数据（如温度、压强、液体浓度等），之后将加工和分析后的结果通过网络提供给实验者，学生只需通过计算机等设备就能查看和分析数

据，这样既保证了实验数据的全面性、真实性和有效性，也实现了实验教学方式的转变，增强了学生的学习兴趣，解决了传统课堂教学资源有限的问题，节省了各类经费。

4. 优化学习环境

学习环境（如噪声、温度、光线强度等）很大程度上会影响学生的学习效率。学校的教学环境、教学设施、教学活动会产生大量噪声，美国、英国和澳大利亚等国家就噪声对学生学习的影响进行了一系列研究，发现噪声不仅影响学生的听力，更会影响师生交流，对学生的学习产生消极影响，如对学生的学习注意力、阅读计算能力和整体学业成绩等产生影响，这对于那些学习有困难、听力丧失或用非母语学习的儿童影响更大，教师也会因长期提高嗓门而导致声带拉伤。物联网被应用于课堂教学后，教室里布置传感器节点监测各角落的噪声情况，一旦噪声超过预警值，传感器会报警，继而通知有关部门处理，如为椅子等物品铺上毛毡垫以降低噪声反射和混响时间；光线会影响学生视力，教室里安装的光线传感器，可随时监控光线亮度，并自动调节教室内的照明灯亮度和计算机屏幕亮度，根据室外光照强度调整窗帘高度；传感器还可根据室内二氧化碳浓度和温度，自动调节通风量和空调温度；等等。总之，物联网在教学中的应用，可以给学生提供一个舒适的学习环境，促进学生更好地学习。

（二）物联网支持课外学习

1. 拓展课外教学活动、教学空间

课外教学活动能够激发学生的学习兴趣，拓展学习空间，拓宽学生的视野，培养学生探究知识的能力。课外教学活动是指学生通过课程实习，将所学的课堂知识应用到实践中，从而更好地帮助学生理解和掌握所学的理论知识的过程。但是，学生外出实习有时间、场地的限制，其所学的理论知识无法实时应用。物联网的引入，使得教师可以远程布置、操控传感器节点，将远程设备通过物联网联系到一起，实时传输、存储和分析信息数据。学生对所布置的节点进行长期观测，可查看相应的实验结果，收集实验数据。如此，学生通过观察相应的实验结果即可掌握课堂上枯燥、难以理解的理论知识。

2. 构建移动的学习环境

移动学习是在移动计算设备帮助下，能够在任何时间、任何地点学习的学习模式，移动学习所使用的移动计算设备，必须能有效地呈现学习内容，并且可以为教师与学生之间的双向交流提供工具。

射频识别技术的发展，使学生面对面传输信息的效率更高，使信息传输的移动性和灵

活性大大增加；学生能够时刻互动，分享学习材料。无线传感器网络具有自组织、低功耗、成本低等特点，它的引入可以大大改变移动学习中必须依靠昂贵的、待机时间较短的平板电脑的局面，增强了学习和交互过程的效果。移动学习设备具有的通信功能，可通过开发数据处理模块读取各传感器数据来实现。因此，物联网可以构建移动的学习环境，通过使用连接点、基站和射频识别等相关技术，使移动学习设备连接到学习材料并使学生间的交流更加便利，促进新的学习活动或者主动学习模型的创建，如集成各类学习工具的"无线电子书包系统"学习模型。

3. 利用物联网建立泛在学习环境

泛在学习是指利用信息技术为学生提供一种可以在任何地方、任何时间使用手边可以取得的科技工具，来进行学习活动的4A（Anyone、Anytime、Anywhere 和 Anydevice）学习模式。

它与移动学习的区别在于它可以利用智能标签识别需要学习的对象，并且可根据学生的学习行为记录调整学习内容，这是对传统课堂和虚拟实验的拓展。例如，生物课的实践性教学中学生需要识别校园内的各种植物，应用泛在学习模式的人员可以为每类植物贴上带有二维码的标签，学生在室外寻找到这些植物后，除了可以知道植物的名字，还可以用手机识别二维码从教学平台上获得植物的扩展内容。

在物联网时代，任何设备只要能够接入网络就能实现智能化操作，泛在学习的思想与物联网的核心思想不谋而合，因此，物联网能更好地支持泛在学习模式。泛在学习系统可为学生提供智能化的学习服务，系统通过传感器自动操控电子白板、电子教材等各类学习辅助工具，并通过智能化和尖端化设备来构建智能化无纸教室；利用内藏电子标签或传感器的实验器材进行实验教学；利用多媒体进行音乐教学；等等，学生的学习环境会发生天翻地覆的变化。

（三）物联网支持教育管理方面

1. 仪器设备管理

学校利用物联网可对仪器设备进行智能化管理。学校作为一个大的教学单位，拥有大量的仪器设备，包括教学仪器、会议设备、运动设备等，这些仪器设备分布在学校各个部门中，存在管理难度大、无人管理、无人及时保养等问题。利用物联网中的传感器或射频识别技术，学校可以统一管理和调度大量的仪器设备，从而有效防止仪器设备的丢失，当仪器设备出现故障时，系统会自动报警，并通知相关人员进行处理。

2. 学生安全行踪及健康管理

学生安全行踪及健康管理，包括上下学及在校行踪通知、危险区域管理和学生保健服务、集体野外活动安全监控等。

3. 学校安全管理

学校安全管理包括安全门禁、安全访客管理、机动车管理和校园火灾报警管理。

4. 有助于建立节能教室

节能教室是指实时监控室温、光线强度、空气质量等，并结合教室实际人数自动控制教室电灯、空调、风扇、报警系统等，起到自动节能、防盗效果的校园设施。节能教室具有上课、自习、夜间防盗三种模式，系统根据时间及校园自定义进行模式切换。

5. 一卡通

将校园身份识别码芯片集成在校园一卡通、个人手机中实现师生身份的绑定，完成师生在校内学习、生活和工作中的各项服务，如统计学生出勤情况、教师上课情况和行政人员的到岗情况，以提高管理水平和效率。

6. 图书馆系统

图书智能定位即在图书上贴上射频识别标签，在馆藏范围内设置多个阅读器，通过阅读器坐标确定图书的方位信息并传输给定位服务器，读者和管理员用客户机或手机登录定位服务器查询图书信息，这也方便了新书上架、图书归架及乱架图书的整理工作，提高了寻找丢失书籍和盘点文献资料的效率。自助还书设备是对贴有射频识别标签的图书进行扫描、识别和归还处理的设备，有利于帮助读者进行自助式图书的归还、续借操作，避免排队现象的发生，甚至可以实现"拿走即借、放回即还"的高度射频识别化物流管理模式，从而可有效提升图书管理效率、简化图书管理流程、降低图书管理人员的劳动强度，为读者提供更加便利快捷的图书借还、查询等服务。

第三节　云计算技术及其教育应用

一、云计算技术概述

关于云计算的定义比较常见的有以下几种：

第一，维基百科给云计算下的定义：云计算将 IT 相关的能力以服务的方式提供给用户，允许用户在不了解提供服务的技术、没有相关知识及设备操作能力的情况下，通过互联网获取所需服务。

第二，工业和信息化部电信研究院将云计算定义为：云计算是一种通过网络统一组织、能够灵活调用各种 ICT（信息、通信和技术）信息资源，实现大规模计算的信息处理方式。云计算利用虚拟化、分布式计算等技术，通过网络将分散的运行平台、计算与存储等 ICT 资源集中起来形成共享的资源池，并以可度量和动态按需的方式向用户提供服务。用户可以使用各种形式的终端（如笔记本电脑、智能手机、平板电脑甚至智能电视等）通过网络获取 ICT 资源服务。

第三，美国国家标准与技术研究院（NIST）将云计算定义为：云计算是一种按使用量付费的模式，这种模式提供可用的、便捷的、按需的网络访问，进入可配置的计算资源共享池（资源包括网络、服务器、存储、应用软件、服务），要想快速获取这些资源，只需投入很少的管理工作或与服务供应商进行很少的交互。

简单地讲，云计算是一种基于互联网的超级计算模式，它将计算机资源汇集起来，进行统一的管理和协同合作，以便提供更好的数据存储和网络计算服务。

二、云计算技术的内涵和特征

（一）云计算技术的本质

云计算的本质定义可归纳为：通过网络提供可伸缩的、廉价的分布式计算能力。云计算包含两个层次的含义：一是商业层面，即"云"；二是技术层面，即"计算"。云计算可以将各类资源集中起来，让用户在使用时可以自动调用资源，支持各种各样的应用运转，不再为细节而烦恼，从而专心于自己的业务的计算。

云计算通过把计算分布在大量的分布式计算机上而非本地计算机或远程服务器中，使得各类使用单位能够将资源切换到需要的应用上，根据需求访问计算机和存储系统。这好比是从古老的单台发电机模式转向了电厂集中供电的模式。它意味着计算能力也可以作为一种商品进行流通，就像煤气、水电一样，取用方便，费用低廉。最大的不同在于，云计算能力是通过互联网而不是通过有形的管道提供的。

（二）云计算技术的特征

1. 资源池

计算资源汇聚在一起，通过多租户模式服务多个消费者。在物理上，资源以分布式的

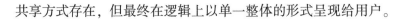

共享方式存在，但最终在逻辑上以单一整体的形式呈现给用户。

2. 按需自定义

用户可以根据自身实际需求，通过网络方便地进行计算能力的申请、配置和调用，服务商可以及时进行资源的分配和回收。

3. 快速弹性

服务商的计算能力能够快速而弹性地实现供应。服务商可以根据访问用户的多少，增减相应的 IT 资源（包括 CPU、存储、带宽和软件应用等），使得 IT 资源的规模可以动态调整，满足应用和用户规模变化的需要。

4. 广泛的网络访问

使用者不需要部署相关的复杂软硬件基础设施和应用软件，直接通过互联网或企业内部网访问即可获取云中的计算资源。

可以说，云计算是计算机网络技术发展到一定水平后的必然产物，因为它解决了很多个人电脑时代无法解决的问题。

三、云计算技术的服务模式

（一）云计算服务模式

云计算的服务模式包括四种：第一种是 IaaS（Infrastructure as a Service，基础设施即服务），主要应用于基础设施层；第二种是 PaaS（Platform as a Service，平台即服务），主要应用于平台层；第三种是 SaaS（Software as a Service，软件即服务），主要应用于应用层；第四种是 RaaS（Resources as a Service，资源即服务），主要应用于应用层。基础设施包括网络系统、存储系统和服务器等硬件部分。平台提供虚拟硬件资源和服务器租用等服务，包括认证、授权、数据管理等。平台服务系统主要由数据库、开发平台及中间件等组成。软件服务层（应用层）是智慧校园的核心，也是智慧校园的上层服务。智慧校园教育信息化系统部署在软件服务层，通过系统门户提供服务，是用户获得服务的入口。资源服务层主要是基于互联网，提供教学资源在应用层的软件系统中共享使用的服务。

1. IaaS

IaaS 是指把 IT 基础设施作为一种服务通过网络对外提供。在这种服务模型中，用户不用自己构建一个数据中心，而是通过租用的方式来使用基础设施服务，包括服务器、存储和网络等。在应用模式上，IaaS 与传统的主机托管有相似之处，但是在服务的灵活性、扩展性和成本等方面，IaaS 具有很强的优势。IaaS 概念要点如下：

第一，IaaS 服务商将租赁基础设施服务提供给用户使用。

第二，用户通过互联网使用自己租赁的基础设施服务。

第三，用户能够租用到满足自己需要的基础设施服务。

2. PaaS

所谓 PaaS 实际上是指将软件研发的环境作为一种服务，提供给技术开发人员，为他们提供丰富的中间件资源。PaaS 概念要点如下：

第一，PaaS 层不是一般用户能够操作得到的应用，是属于软件研发范畴的一个概念。

第二，最通俗的理解就是，运营商要提供给用户的 SaaS 应用产品应该是功能各异的，而 PaaS 层就是用来控制所创建的 SaaS 应用产品多样性的云平台支撑性服务体系。

第三，结论是没有 PaaS 层，就没有 SaaS 应用产品的多样性。

3. SaaS

SaaS 是一种基于互联网的软件服务应用模式，服务提供商将应用软件统一部署在自己的数据中心，用户经由互联网订购相应的软件服务，按照使用软件的数量、时间的长短等因素进行计费。SaaS 概念要点如下：

第一，SaaS 服务商将软件租赁给用户使用。

第二，用户通过互联网使用自己租赁的软件系统。

第三，用户能够租用到满足自己需要的软件。

第四，SaaS 服务商必须通过技术手段方便地创建满足用户需求的软件，而不是零散地管理着成百上千套彼此之间毫无数据关联的软件。

4. RaaS

在教育培训领域，RaaS 是基于互联网提供教学资源服务的软件应用模式，中文名称为"资源运营"。RaaS 概念要点如下：

第一，RaaS 服务商将资源租赁给用户使用，也可以供用户下载使用。

第二，用户通过互联网能够使用网络上的资源，也可以下载后进行使用。

第三，资源要对用户有使用价值和吸引力，量要足够大，并且能够不断扩充与提升。

第四，RaaS 服务很多时候需要与 E-learning 类型的 SaaS 融合在一起使用，正如书与书柜、书与图书馆之间的关系一样。

(二) 云计算的服务类型

从服务方式来划分，云计算可分为三种：一是为公众提供开放的计算、存储等服务的

"公有云"，如百度的搜索和各种邮箱服务等；二是部署在防火墙内，为某个特定组织提供相应服务的"私有云"；三是将以上两种服务方式结合起来的"混合云"。

1. 公有云

公有云是指由政府或者云服务供应商，通过公共 Internet 提供的有偿或者无偿的计算、存储、应用等云服务。在这种模式下，允许客户无须投资基础设施，仅根据使用量支付费用即可。

优点：除了通过网络提供服务外，客户只需为他们使用的资源支付费用。此外，由于用户可以访问服务提供商的云计算基础设施，因此，他们无须担心自己安装和维护基础设施的问题。

缺点：与安全有关。公共云的基础设施可能驻留在多个国家，并具有各自不同标准的安全法规，所以信息安全可能存在风险。另外，用户对公有云只有使用权，在流量并发较大或者出现网络问题时，其稳定性缺乏保障。虽然公有云模型提供按需付费，性价比较高，但在大量数据需要转移时，其转移所需的费用可能较大。

2. 私有云

私有云是为一个组织内部单独使用而建的，对该组织技术能力与维护管理能力要求较高。因为企业或者组织对云有绝对拥有权，因此可以控制在此私有云上部署应用程序的方式。

优点：提供了更高的安全性，私有云一般部署在企业或组织内部数据中心的防火墙内或安全的主机托管场所，私有云的拥有者是唯一可以访问它的指定实体。

缺点：安装成本很高。此外，用户仅限于使用已建设完成的私有云资源，相对于公有云，其扩展性较差。

3. 混合云

混合云是公有云和私有云两种服务方式的结合。由于安全和控制原因，并非所有的用户信息都能放置在公有云上，这样大部分已经应用云计算的企业将会采用混合云模式。

优点：允许用户利用公有云和私有云的优势。还为应用程序在多云环境中的移动提供了极大的灵活性。

缺点：因为设置更加复杂而增加了维护和保护的难度。此外，由于混合云是不同的云平台、数据和应用程序的组合，因此，整合可能是一项挑战。在开发混合云时，基础设施之间也会出现兼容性问题。

四、云计算技术在智慧校园中的作用

(一) 使用便捷，利于交互

云服务最大的优势就是简单易用。无须搭建复杂的环境或者安装巨型软件，就可以将自己的项目放在云端来运行，或者在线办公。教师可在课前将预习任务和材料上传至云平台，学生随时随地通过自己的移动终端获取预习材料进行预习。与此同时，学生学习的时长、内容、正误率等信息可被教师及时获取。

(二) 对软硬件设施要求低，降低成本

学校现有的数字化教育资源共享建设中的成本，主要来源于初期服务器、终端及网络接入等设备的购置、日常系统运营及维护和设备更新等费用。如果将职业院校数字化教育资源共享建设建立在云计算和服务的基础之上，可以将繁重的共享平台建设、服务器的配备、数字化教育资源的存储与管理等工作交给云服务提供商，不需要大规模的硬件投入，甚至是零投入。另外，云计算对用户端的设备要求很低，只要拥有可以上网的终端设备、一个浏览器，将终端设备接入互联网即可实现想做的任何事情，客户终端几乎不需要任何升级。

(三) 促进实现精准教学

授课过程中学生通过移动终端与教师进行互动，学生在测试过程中，每道题的计算时长、正误率等信息也会及时反馈至教师终端，教师能够准确掌握学生的学习情况并进行精准辅导。另一方面，通过云计算，对学生学习与生活等各方面信息进行收集、整理、分析，了解其生活与学习背景、学习风格、兴趣爱好等，并有针对性地提供个性化的资源与服务。

(四) 保障数据安全

智慧校园内要达到高效互联、物联，其涉及的数据十分庞大。这个由大量结构化、非结构化、半结构化数据有机构成的系统，一旦某一环节出现问题，其维护工作将十分复杂且缓慢，这对于智慧校园软硬件设施及网络维护人员来说也是巨大的挑战。基于云服务，学校不需要花费大量的人力、物力、时间对软硬件及网络系统进行维护，云中数据安全可靠，不用再担心硬盘损坏、病毒入侵等多种因素导致的数据丢失等麻烦。

五、云计算技术的教育应用

相比物联网技术，云计算技术在教育中的应用更为普及和成熟。云计算技术在教育领域的发展已经从原来的理论步入了实践。国内已有许多企业推出了教育云解决方案，如华为 eSpace 教育云解决方案、阿里云职业教育 1+X 认证中心解决方案、腾讯通用云教育方案等。

云计算系统可用于大规模的客户机需要安装大量常用软件的场景，非常适合用于校园网环境中构建全局计算环境。云计算系统可充分激发现有设施的潜能，满足师生在教学科研中的实际需求，大幅提高校园网的应用和管理水平。

（一）构建网络学习环境，提高学习效率

云计算技术允许人们随时随地从任意终端访问信息及其他服务，增强了网络学习的灵活性和敏捷性，能够实现学习资源和学习工具"按需而用、即需即用、快速聚合"的目标，降低 Web 学习资源与服务的获取成本与难度，创建灵活敏捷的学习方式，从而提高学习生产力，最终改善学习效果。

武汉市某高等职业院校为推进翻转课堂、泛在学习与精准教学，两年前开始在全校范围内借助云课堂系统来辅助教学。系统的用户端主要面向教师和学生两个群体，学生端具有登录课堂、选择课程、课程学习、在线作业、在线测验、在线讨论、时间统计、学习者分析等功能。教师端除具有与学生端对应板块的相关管理功能外，还具有使用云盘、课程设计等功能。云课堂是一个具有教学资源管理、流媒体播放、课程管理、学习过程监管、在线学习中心、个人空间、云端教室支持、开放接口等功能的基础数据管理与课程授权系统。

教师无须通过 QQ 文件或 U 盘拷贝向学生传递学习资源，学生通过云课堂，可以随时随地学习相应的教学课件、获取教学资源、扩展资源并记录笔记。在学习的过程中，可通过讨论区发帖与同学和教师进行讨论或问题求解，通过聊聊功能可以实现即时聊天。教师通过平台向学生发布作业和测试，学生在线查看和提交作业、进行测试，并获得教师的反馈。

在课堂上，教师可通过平台向学生发布课堂测试，学生在线回答问题，其数据会及时反馈到教师的终端。通过学生回答问题的数据，教师可及时准确地了解各个学生对知识的掌握情况，并及时调整课程进程。

学生在使用云课堂的同时，平台会记录学生各项操作行为信息，包括学习进程与时长、参加讨论频率与时长、测试与作业完成的时长与准确率等，教师基于一系列数据对学

习者进行精准分析，并在课后给出个性化的作业及测试，这一系列数据也将会成为教师考核学生的重要参考。

（二）建设校园网教育信息系统

各大高校在日常办公、教学和科研方面的硬件设施投入都是一笔巨大的开支，软硬件不断更新升级，由此带来的高昂成本阻碍了很多高校的发展。由于云计算对终端计算机本身的要求并不高，并且将设备更新换代的任务交给服务的提供者、数据中心的建立者或者相关服务的提供商，因此，学校可以通过云计算服务来完成教育机构的数据中心、网络中心的相关任务，并可通过云计算提供的 IT 基础架构，节约成本，不用再投资购买昂贵的硬件设备，也不用负担频繁的维护与升级操作费用。

（三）建立校园云计算安全平台

云计算给校园提供了最可靠、最安全的数据存储中心，学校不用再担心数据丢失、病毒入侵等麻烦。云计算严格的权限管理策略可以帮助学校保证数据共享的安全性；同时，数据的集中存储更容易实现安全监测，学校可将信息存储在一个或者若干个数据中心，对应的管理者可以统一管理数据，负责资源的分配、负载的均衡、软件的部署和安全的控制。

（四）数据共享

在云计算的网络应用模式中，数据只有一份，保存在"云"的另一端，用户的所有电子设备只需要连接至校园网，就可以同时访问和使用同一份数据，从而实现数据更深层次的共建共享。共同应用云计算的扩展性非常强，各院系可以将现有的硬件资源共同加入一个云中，减少各个院系在资金和时间方面的投入，并实现真正意义上的资源共享。

校园云计算建设有助于学校提升校园管理水平和公共服务水平，可以有效提高教育、科研的水平和质量，创造一个更加和谐的校园环境。

第四节　虚拟技术及其教育应用

一、虚拟技术概述

计算机图形学、计算机仿真技术、人机接口技术、多媒体技术及传感技术为虚拟技术奠定了技术基础。虚拟技术的研究是一个交叉学科，虽然早于20世纪60年代人类就开始了相关研究，但直到20世纪90年代初，虚拟技术才真正作为一门较完整的科学体系出现。简单地说，虚拟技术就是通过对现有的CPU、硬盘空间、内存空间等计算机资源进行组合或分区，形成一个或多个优于原有资源配置的操作环境，所提供的一种新的访问方式的技术。在教育领域中，虚拟技术提到比较多的有虚拟仿真与虚拟现实。

（一）虚拟仿真

虚拟仿真是将仿真技术与虚拟现实技术相结合，在多媒体技术、仿真技术与网络通信技术等信息技术的基础上，用一个系统模仿另一个真实系统的技术，是一种可创建和体验虚拟世界的计算机系统的高级仿真技术。

（二）虚拟现实（VR）

虚拟现实是指通过多媒体技术与仿真技术结合而生成逼真的视、听、触觉一体化的虚拟环境，使用户与虚拟环境中的客体交互作用，从而产生身临其境的感受和体验。

二、虚拟技术的内涵与特征

虚拟技术的内涵，可以分为三点来理解：一是为使用者的视觉、听觉、触觉多种感官带来刺激，刺激的由来是使用各类信息技术开发的虚拟世界；二是利用这种多感官刺激让使用者有真实的沉浸感；三是人们能用动作和言语与虚拟环境中的对象交流。由此可知，虚拟技术主要有三个特征，即沉浸性、交互性和构想性。

（一）沉浸性

沉浸性是从用户的角度来说的，其置身于计算机技术所营造的虚拟场景，用户的听觉、视觉甚至包括触觉、力觉等多种感知与真实环境隔离，虚拟场景应该能够提供全部人类具备的感知能力，使用户完全置身其中。

（二）交互性

交互性是从人与机器的交流角度来说的，使用者与虚拟场景之间可以像在现实世界中一样，通过鼠标、传感器等输入设备与场景中的各类物体发生相互作用。

（三）构想性

构想性是指它能使用户在虚拟场景中感知新的知识和体验新的发现。使用者通过沉浸性和交互性，对场景中的物体或者知识体系产生新的体验与发现，从而得到感性和理性的认知。它是基于沉浸性和交互性的一种高级表现。

三、虚拟技术在智慧校园中的作用

虚拟技术能通过实物虚化、虚物实化等技术手段形象生动地表现教学内容，有效地营造一个跟随技术发展的教学环境，提高学生掌握知识、技能的效率，优化教学过程，提高教学质量，调动学生的学习积极性，突破教学的重点、难点。在教学实践中，虚拟技术主要有以下四个方面的积极作用：

（一）激发学习兴趣

相对于传统教育中知识的扁平性，虚拟现实教育的呈现更立体。将虚拟技术引入教学，在实现人与机器的交流、人与人交流的同时，让学习变得游戏化、情境化，真正做到寓教于乐，促进交流、知识表达及应用。

（二）增强学习体验

虚拟技术可创设逼真的场景，提供动态的高交互设置，学习者在其中显示出较高的学习动机和参与度。除问题解决外，学习者在虚拟现实中学习，往往伴随着角色扮演。学习者被赋予明确的角色，尤其是青少年学习者常习惯于这种自我表征方式，且会通过角色表达所思、所想、所感。更重要的是，这种学习体验会激发学习者的创造力和想象力。

（三）拓展学习的多维空间

虚拟技术彻底打破时间与空间的限制，消除时间与空间造成的认知阻断。大到宇宙天体，小至原子粒子，学生都可通过虚拟现实进行观察。一些需要很长时间才能观察清楚的变化过程，通过虚拟技术可以在很短的时间内呈现给学生观察。通过虚拟技术，以往只能通过书本了解到的知识如今可以给人直观展示，带给学习者沉浸式体验。利用虚拟技术建立起来的虚拟实训基地中的虚拟设备和部件可根据需求随时更换，教学内容也可以不断更新，使实践训练与时俱进。

（四）提供更安全的学习环境

虚拟技术可模拟某些真实情境，在安全的前提下，让学生学会应对某些现实场景中不可预知的危险。在虚拟实验室，学生可以用虚拟实验器材进行实验，避免危险化学品可能

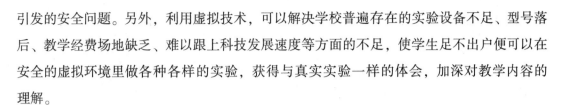

引发的安全问题。另外，利用虚拟技术，可以解决学校普遍存在的实验设备不足、型号落后、教学经费场地缺乏、难以跟上科技发展速度等方面的不足，使学生足不出户便可以在安全的虚拟环境里做各种各样的实验，获得与真实实验一样的体会，加深对教学内容的理解。

四、虚拟技术的教育应用

虚拟技术的发展在带来技术进步的同时，也为教育领域的发展提供了强大助力。虚拟技术为校园带来了越来越多先进的教学手段，一方面，为校园带来了教学水平和质量的提高，另一方面，让教育信息化进程紧跟时代发展的步伐，与科技进步齐头并进。随着虚拟技术在教育领域应用的不断深入，仿真实训系统、仿真实训资源、职业体验馆、数字博物馆、数字艺术馆、数字科技馆、虚拟校园服务等新兴应用正如雨后春笋般走进我们的校园。

（一）思政 VR 实践教学中心

从传统的"听讲"课堂，到多媒体可视化设备进入课堂，再到虚拟仿真教学设备和资源的应用，越来越先进的科学技术被应用到教师的授课中，充实了学生的学习体验并提高了其学习兴趣。思政 VR 实践教学中心是一种以思政数字化教学资源、VR 教学资源为教学内容载体的专用多媒体教学环境。该教学环境主体上可以由思政教育 VR 体验馆、思政教学 VR 教室两部分构成，通过集中运用数字化思政资源、VR 虚拟思政资源等信息化成果，使得教材及教辅内容变得鲜活、可体验和可虚拟参与，能够有效促进课堂教学效果的提升，实现传统思政课教学模式与方法的创新，并可以进一步向思政虚拟互动实践场景等领域探索与发展。

1. 思政教育 VR 体验馆

思政教育 VR 体验馆使个体在形体、情绪、知识上进行参与，学习者通过参观、操作、使用体验馆中多媒体设备、VR 设备，以及通过展品的文本、动画、视频、VR 虚拟场景等形式的解释性说明学习思想政治内容。以思政教育的要求为目标，依托 VR 技术沉浸式教学的优势，对思政教育 VR 体验馆进行了整体布局并提出以下要求：

第一，根据真实场馆或遗址设计虚拟展馆。

第二，以学生的体验式学习为核心进行功能性设计，学生可置身于 3D 虚拟场馆中，以不同的视角和线路参观学习。

第三，三维场景逼真，展品内容丰富、形式多样。

第四，集成文字、图片、视频、背景音乐、语音解说等多种媒体，立体化、多方位呈现信息。

第五，图片及其中文字须清晰可辨，视频须依据知识点剪切成微片段嵌入到相应位置。

第六，系统界面设计贴合主题、美观大气，须包含展厅切换的按钮、视音频链接热区及讲解语音切换的 UI 元素等。

2. 思政教学 VR 教室

思政教学 VR 教室构建有数字化体验式教学平台和一系列经过互动化设计的思政课，搭配思政课理论教学资源包，教师可充分利用智慧教室互动设备和多媒体资源，采用双师课堂、云端思政课、翻转课堂等方式，由灌输式的单向教学模式变为双向互动；在思政教学 VR 教室配备有 VR 眼镜和 VR 系列课程，利用集中教学或自主体验的方式，学生可通过 VR 眼镜主动、沉浸式学习党和国家的历史等 VR 课程。

（二）虚拟校园漫游系统

基于三维建模式的虚拟校园系统是运用虚拟现实技术、Web3D 技术和数据库技术，对学校的建筑物数据、校园网络结构、属性数据和其他数据进行处理，建立基于网络的、可交互操作的、三维数字化虚拟校园信息查询系统，实现视图操作（平移、旋转、渲染、光照、雾化、视点变换）、三维漫游（绕点漫游、沿路径漫游、自由漫游）及漫游控制等功能。

用户可以在系统中通过行走、鸟瞰及选择不同的摄像机视图来多视角观看校园景观，以达到全方位认识校园的目的。数字化三维虚拟校园对于建设和谐校园、校园庆典、校容校貌的展示等具有非常重要的作用，必将成为校园信息化建设的重要组成部分。

第五节　人工智能技术及其教育应用

一、人工智能技术概念

人工智能（AI）既能实现对人类智能的模拟，也是对人类智能的延伸和扩展。人工智能一般包括人工智能理论、人工智能方法、人工智能技术及人工智能应用系统四部分。它是一门综合性学科，涉及计算机科学、哲学和认知科学、数学、控制论、信息论、神经生理学、心理学、语言学等学科。众所周知，科学技术已经能够让机器替代人类进行体力劳动，而人工智能将实现机器对人类脑力劳动的替代。从终极目标来看，人工智能将制造出能像人一样行动、思考的机器。因此，对人工智能的理解可以分为两个方面：一方面，人工就是为特定目标设计出来的、能被人控制的物理过程；另一方面，智能是人工智能的核心概念，对智能的理解将决定人工智能的研究方向和实现途径。但是"智能"从哲学层面来讲，涉及意识、自我、思维等相关概念，很难针对智能得出统一的答案。

当前，对"智能"的认识主要有三种观点：一是智能源于大脑神经网络，知识是一种信息，而大脑神经元之间的相互作用是信息传递的关键，也是产生思维的物质基础；二是智能源于知识，智能是大脑抽象思维的产物，表现为知识、语义、推理等过程，因此，知识表示和运用是智能系统的核心；三是从生物进化论的角度看，智能是人或者其他动物在与周围环境的感知和交互中演化而来的，因此，与环境的互动行为才是智能的体现。

人工智能的发展并非一帆风顺，自20世纪50年代人工智能概念被提出以来，至今主要经历了六个不同的发展阶段。

二、人工智能技术的内涵与特征

人工智能已经出现在人们日常生活的方方面面，我们所常见的刷卡感应系统，各种社交软件的语音谈话功能、人脸识别系统、指纹监测系统、机器人保姆等都涉及人工智能技术的应用，都是人工智能的一部分。如今人工智能应用随处可见，小到我们日常生活中使用的各种人工智能产品，大到足以帮助整个社会进步发展的智能机器人。当代人工智能主要为人类提供了以下几个方面的服务：

（一）进行智能信息检索

人工智能可以将信息检索工作智能化。利用人工智能信息检索系统的技术特点，既可以减少人工检索带来的失误，也可以大大提高检索工作效率，使信息获取工作实现精准化、细致化，让原本很难完成的工作在人工智能技术的帮助下得以完成。

（二）处理复杂数据

人们普遍认为人工智能是能够模拟人脑思维活动的一种智能手段，人工智能设备不仅具有强大的记忆能力，还有超强的逻辑分析能力，能够自行处理许多复杂数据的问题。人工智能和人脑一样具有复杂的神经网络结构，一旦遇到棘手的问题，它们就会利用强大的记忆力，对问题进行逻辑推理和智能化分析，快速得到解决问题的方法。目前，人工智能相较于人类本身的思维能力还是略逊一筹的，但人工智能拥有人类无法比拟的强大记忆力和复杂数据的处理能力。人工智能设备在不断储存知识的同时运用其对复杂数据进行分析和推理证明的能力，帮助人类处理这些大数据，不仅减轻了人类的工作负担，更是让人类处理数据的能力范畴达到了空前的高度。

（三）识别各种模式

自然语言的识别、图像与图形的识别、文字与声音的识别、人脸识别、指纹识别等人工智能识别技术越来越多地出现在人们的视野里，这些功能为人类生活带来了各种各样的便利。现如今，人们越来越多的交流沟通借助网络或电子设备来完成，这就需要通过人工智能将网络或者电子设备上的各种信息进行识别，然后将识别后的信息告知用户，用户才能进行正常的沟通与交流。一些生活中常见的社交软件都会设有语音识别功能，人们网络交流的手段已经不再局限于文字表达，还可以采用更方便的语音识别功能。这个语音识别功能就得益于人工智能识别技术。人工智能识别技术的应用给人们生活、工作带来的便利还有很多，这也让我们对人工智能的发展有了更多的期待。

能称之为"人工智能"的系统应该具有三个方面的特征：从数据或经验中学习的能力、运用知识的能力、处理不确定性的能力。

学习能力：系统需要具备从数据中或过去的经验中学习的能力，这通常需要运用机器学习算法。更进一步，如果系统具备从环境交互中学习，在与用户交互过程中动态学习，具备一个不断进化和进步的学习能力，那么就可能具备更高的智能水平。同时，学习过程应该融入尽可能多的知识类信息，方能够达到支持智能系统的要求。

知识运用能力：知识是智能体现的一个最重要的维度。听说看能力如果不考虑内容的深度，则仅仅是停留在感知智能的层面，只能与环境交互和获取环境的信息，其智能表现的空间就非常有限。只有基于知识的智能系统才能够从根本上趋近人类的逻辑推理等深层次的智慧表现。知识可以归纳为关于客观事物的规律、经验、规则，或者各种常识的描述。人工智能系统应该能够很好地存储与表示、运用知识，并基于知识进行归纳推理。只有将知识与数据融合，逻辑与统计结合，才能够催生真正拥有认知智能能力的智能系统。

不确定性处理能力：在现实生活中任何事情，确定性是相对的，不确定性是绝对的。因此，人工智能系统还应该具有很强的不确定性处理的能力，应该能够很好地处理数据中的不确定性（噪声、数据属性缺失等）、模型决策的不确定性（决策结果的置信度等），甚至模型内部参数的不确定性。例如，无人驾驶系统就需要处理各种各样的不确定性，如环境的不确定性、决策的不确定性；阿尔法围棋（AlphaGo）系统采用强化学习，以概率方式探索不同的落子方法。

三、人工智能技术在智慧校园中的作用

人工智能技术在校园中的有效运用，对学生、教师及校园整体的发展产生了质的影响，实现了智慧校园、平安校园及校园多种智能化服务，为师生带来了诸多的便利和安全。此外，人工智能对弥补当前教育存在的种种缺陷和不足，推动教育发展改革和教学现代化进程起着越来越重要的作用。人工智能对教育的影响主要概况为：提高教育信息素养、提高教与学的思维能力、提高教学的质量和效率，以及提高教学的个性化和交互性等。

（一）提高教育信息素养

人工智能教育让我们能够提高信息获取、加工、管理、呈现与交流等能力，进而提高对信息及信息活动的过程、方法、结果的分析能力。人工智能将知识转化成计算机可以识别的信息进行储存并生成"信息库"，然后模拟"人类智能"形成"计算机智能"，利用"计算机智能"对"信息库"进行快速、精确、自动、科学的处理。人工智能本质就是对"知识信息"的智能化处理，对知识信息进行形式化的表示、自动化的推理，实现智能化的教学或创造。

（二）提高教与学的思维能力

利用人工智能技术进行教学，一方面，可以让学生体验、认识人工智能知识与技术，另一方面，可以加深学生对解决非结构化、半结构化问题的理解能力，进而培养学生多角度思维的能力。学生通过了解处理复杂问题的思路和方法，从而得到自身思维能力的提高。

（三）提高教学的质量和效率

教育中的人工智能应用可以有效提高教学的质量，有别于传统讲述的教学方式，人工智能可以对学习者需求进行智能分析，向学习者展示大量图文并茂的信息和数据，甚至可以向学习者模拟数据变化的过程和预期的结果，让学习者能够更容易地理解和掌握所学的每一个知识。另外，教育中的人工智能应用还可以提高教学效率。计算机运用人工智能技术可以自动帮助教师完成一些常规性的教学基本工作，让教师把更多的精力关注于教与学的过程和行为方式，通过减少教师的工作量来提高教学效率。

（四）提高教学的个性化和交互性

智能代理和智能教学系统的应用，为教学过程的个性化、交互性奠定了技术基础。智

能代理技术可以根据需要主动、快速地从网络信息中找寻并收集各种所需信息，有助于解决信息检索精确度要求较低的大范围检索问题。人工智能在教与学的过程中发挥着重要作用，教师通过人工智能技术能够做到因材施教和更高效地进行教学，学生则通过人工智能技术很方便地获取有效知识。传统教学通常是教师一对多的教学模式，全面的个性化和交互性基本无法实现，而人工智能高效精准的特性为个性化和交互性贯穿于整个教学过程奠定了技术基础。

四、人工智能技术的教育应用

伴随着人工智能的发展，智能机器人在教育领域大放异彩。从只具有一般编程能力和操作功能到更加"人性化"，智能机器人在教育领域中的应用为减轻教师负担，替代教师日常工作中重复的、单调的、程序化的工作，缓解教师各项工作的压力等问题提供了可能性。

在当前的学校教育中，大班化教学仍是主流，教师往往要同时顾及几十个学生，每天花费大量的时间在备课、批改作业上，往往下班之后还要继续工作，也不能及时关注每一位学生的心理情绪变化。大班化的原因主要是学生人数较多，而学校设施配置、教师人员配置跟不上，从而导致教师工作压力大，没有时间和精力为所有学生制订个性化教学方案。人工智能的出现为解决规模化学习环境中减轻教师工作负担提供了新思路。

（一）学习智能机器人

智能机器人的数据库有知识库和交互数据。知识库中有着多门学科的知识，知识库存储的知识可以分为三类：学科知识、学习资源和关系知识。智能机器人能够根据知识库中的数据对作业进行批阅，以保证批阅的准确性。交互数据则储存了给学生批阅作业时的行为数据，收集了学生与智能机器人进行交互的数据，并且通过对这些交互数据的分析，实现对学生的认知诊断。

智能机器人的主要功能有两个：智能批阅和个性化作业。智能批阅是根据知识库中的知识，以及知识之间的相互关系对作业进行智能化的批阅，不仅能够批阅客观题，也能够批阅主观题。个性化作业是基于交互数据对学生的认知诊断结果，结合知识库中的知识，智能地为学生定制作业，包括对基础知识的复习、对重难点知识的练习及对有所欠缺知识模块的巩固复习。

智能机器人能在一定程度上解放教师，替代教师日常工作中重复的、单调的、程序化的工作，缓解教师的压力，使得教师能够处理以前无法处理的复杂事务。智能机器人的批阅过程不受时间、环境等随机因素影响，避免了教师批阅可能产生随机错误的可能性，能记录每个学生的知识掌握情况，为学生提供以前无法提供的个性化、精准的服务。智能机器人使得教师传授知识的效率大幅度提升，有更多的时间和精力去关注每个学生身心的全面发展。智能机器人目前只能进行简单的批阅与出题，主观题的批阅准确度还有待改进，而且可以处理的数据目前仅针对学生的日常作业，不能全面分析学生的学习情况，距离能够帮助教师教学、教研还有一定的差距。

（二）智能安防系统

在国家对校园安全如此重视的背景下，如何提供安全的校内外环境、防范犯罪事件发生和健全安全管理制度关系到整个学校的发展。因此，基于摄像头和保安人员巡护的传统校园安防已不能满足如今的需要，而人工智能技术在校园中的应用为解决校园安防中存在的难题提供了可能。

智能安防能提供智能化、定制化等监控管理功能，实时监控整个学校的安全情况，对人和车辆自动识别并且进行定位跟踪，智能推送最佳路线，合理规划安排停车位，最大限度地保卫校园安全。

该智能安防系统包括人脸识别门禁系统、车辆出入识别系统、GPS 定位跟踪系统、智能停车系统等子系统。

基于人工智能的智能安防系统能够对来访人和车辆自动识别，既提高了进出校园的效率，又增强了安全性，对人和车辆的 GPS 定位跟踪使得系统可以一直跟踪定位外来访客及车辆，或是嫌疑人员，以防造成校园意外事故；能够根据预约信息智能安排停车位，并对违停车辆实行黑名单制，被加入黑名单的车辆将被车辆出入识别系统拒绝进入；能够严格监控进入校园的人及车辆的行踪，并随时定位。智能安防系统的使用将大大缩减人及车辆入校的时间，还让校园安全程度有增无减，不仅排除安保人员玩忽职守的可能，也减轻安保人员的工作负担，使安保人员有更多的精力应对突发事件，将发生意外的可能性降到最低。

第六节　智慧校园的实施维护及推广

一、规划与设计

（一）规划与设计的内容

目前，一些信息化基础较好的省市和学校，已经研究制订了智慧教育或智慧校园的发展规划。根据国家建设大数据中国的思想，一些城市将智慧校园融入智慧城市战略规划中。

不同类型的智慧校园规划与设计关注的重点内容不同。按照主导者不同，可有国家、省市、区县、学校的智慧校园规划与设计方案。国家、省市、区县主导的智慧校园规划与设计更宏观，学校主导的智慧校园规划与设计具有个性化特点，更具体、更具有可操作性。下面重点介绍学校对智慧校园规划与设计的内容。学校是智慧校园的建设主体，在规划与设计上更加关注智慧校园建设的组织体系设计，以及信息化基础设施、智慧教育资源、智慧服务、智慧管理、智慧教学等应用系统方面的规划与设计。

智慧校园的规划与设计应对其中的服务需求、技术系统和组织体系进行统一规划和顶层设计，确定智慧校园建设目标，选择和制定实现目标的策略和路径，提出服务模式、业务模式、组织体系的改进建议，制定技术系统的总体架构和建设内容。

建设智慧校园并非全部推翻原有的数字校园，而是在数字校园的基础上提高智慧化水平、丰富智慧内涵。当前，数字校园建设已经有很多成功的案例，积累了很多值得借鉴的经验和教训，但智慧校园建设尚处于研究和探索阶段。校园的发展经历了从传统校园到数字校园，再到智慧校园的过程，无论当前学校教育信息化处于什么样的水平，学校都可以充分发挥"自有优势"，高起点研究制订智慧校园战略规划，高标准定位智慧校园，高质量推进智慧校园。

（二）规划与设计方案的要素

智慧校园规划与设计方案的要素应包括学校发展战略理解、现状分析与诊断、建设目标的确立、业务流程重组和优化、智慧校园顶层设计、建设任务分解、实施策略和保障措施。

二、建设与部署

（一）建设与部署的内容

智慧校园的建设与部署应总体考虑的内容包括建设的主体、技术系统部署方式、系统集成模式和信息化组织体系建设。

（二）建设与部署的模式

根据智慧校园建设主体的不同，建设与部署模式一般有四种：自主开发模式、外包开发模式、合作开发模式、托管与租赁模式。

1. 自主开发模式

自主开发模式通常由学校的网络中心或信息管理中心负责主导实施。由学校工作人员做需求调查和分析，得出结果并进行科学规划，从而形成建设方案。依据建设方案建设各类基础设施，组织技术人员编写管理软件并建设服务平台等。这种建设模式要求学校除了有充足的资金还需有技术娴熟的信息技术人员作为支持。

（1）自主开发模式的优点

一是参与建设的学校教职工对学校自身的实际情况与业务流程比较熟悉，开发出来的系统能够更好、更容易地运用于学校日常的教学与管理、服务。二是自主开发模式可以充分利用学校在信息化建设方面的理论研究优势和实践经验，对本校的信息化队伍进行锻炼和培养。三是自主开发模式能够充分利用学校原有的信息化基础设施和软件平台，升级改造和维护都比较容易。四是对于部分特殊系统，需要在建设及应用中不断优化改进，自主开发模式更为灵活。

（2）自主开发模式的缺点

一是开发周期长。自主开发通常是从零开始的，在初始阶段，容易遇到较多问题，且学校教职工项目实践经验通常不足，如果所遇问题解决不好，可能会严重拖延开发进度。二是技术门槛高。新兴技术的应用是智慧校园的特征之一，这决定了智慧校园项目实施的难度本身就较高，对参与人员的技术及项目领导者的能力要求较高。

2. 外包开发模式

学校只需要相应的资金投入，并根据自身情况，选择一家具有丰富行业经验的服务提供商，由该服务提供商根据学校提出的建设需求和实施要求，深入调查分析，提供设计与实施方案和实施队伍，负责智慧校园所有项目的建设。建设完成后由学校进行工程验收，服务提供商在今后一定时期内提供相应的技术支持和管理，以及技术人员的培训与售后服务。

（1）外包开发模式的优点

一是开发周期短。由于项目是由专业服务提供商来完成的，因此，在技术实现和开发经验方面都有保障。服务提供商所提供的解决方案往往是比较成熟的，而且有开发合同的约束，因此开发周期相对较短。二是技术先进、升级及时。专业服务提供商为了保证自身的竞争优势，在智慧校园建设方案中通常会采用最新技术。在项目实施时，专业服务提供商会安排专业人员进行研发，可以在短时间内建设好基础硬件和软件平台，支持学校的教学并满足管理机构提出的调整要求，为学校的进一步发展留出较大的空间。

（2）外包开发模式的缺点

具体表现在建设与应用容易脱节。服务提供商的建设方案虽然在技术功能实现上较为完善，但由于项目实施周期及项目成本所限，其对于学校的教学管理运作情况了解可能会不够深入，在具体事务处理上往往也不能有效地满足学校教学管理的实际需要，容易造成建设与应用脱节。

3. 合作开发模式

目前，大多数高校都采用合作开发模式。在这种模式下，常见的合作方式有校企合作、银校合作及银校企三方合作。

（1）合作开发模式的优点

一是可以集合前两种模式的优点，进行学校的信息化建设，吸收提供商在信息化建设中积累的成功经验。二是开发方式比较灵活。学校可以根据自身的能力与系统集成提供商展开不同范围的合作，还可参与到基础设施建设、系统开发和调试的具体工作中，有利于提高学校信息技术人员的水平。三是可避免建设与应用脱节。由于在建设中有了学校技术人员的参与，此种模式能够根据学校教学、科研、管理、服务机构的管理模式进行全方位的开发，能满足学校总体规划的相关要求。

（2）合作开发模式的缺点

一是不确定因素多，可能会增加建设投入。在建设中由于需要考虑到智慧校园在本校教学、管理、服务工作中应用的需求，因而往往要对项目方案进行修订，从而需要追加投资。二是合作质量影响建设项目的最终效果，双方在项目合作中，必须做到协调一致，否则，双方可能会在同一个问题上产生不同甚至于截然相反的观点，影响项目建设的进展。

4. 托管与租赁模式

在智慧校园建设中，前期的资金投入及后期的运行维护管理始终是困扰学校信息化建设进一步发展的主要问题。针对这一问题，出现了托管与租赁模式。在此模式下，由服务提供商负责建立网络设施，提供软硬件的出租并负责软件的维护与升级，学校按照使用期限与内容支付一定的费用即可。若不需要该服务，可终止继续付费。

（1）托管与租赁模式的优点

一是节约投资。由于不需要自身进行网络基础设施及软件开发的投资，节省了维护的人员投入，只需要像其他租赁服务形式一样，按期缴纳租金即可。二是省力省时。智慧校园建设是一项长期、复杂的工程，需要学校投入大量的时间和精力来进行这方面的建设。

采用这种模式，学校可以不用过多地投入时间、精力及人员。

（2）托管与租赁模式的缺点

一是个性化不足。既然是提供商提供的产品，那么它就不可能做到完全结合本校的实际情况，建设与应用脱节的情况会更加明显。二是实际应用不够。由于所有服务都来源于服务提供商，会导致学校信息化建设的发展受到服务提供商的限制，因此，在整个智慧校园建设的大潮中学校只能被动地接受服务，没有自己的个性和特色。

（三）技术系统的部署方式

智慧校园技术系统的部署方式指的是院校数据中心与公共服务平台的构建方式。数据中心与公共服务平台是软件和硬件的结合体，它不仅包括计算机系统、数据通信连接、环境控制设备、监控设备、各种安全装置及与计算机连接的硬件设备，还包括运行在计算机系统上的大量业务软件系统产生的数据。一般分为以下三种：

1. 基于院校机房的系统

院校自建计算机系统机房，所有服务器和应用服务均部署在院校机房中。

2. 基于校外公共机房的系统

院校无须自建机房，但需要购置服务器，将服务器和应用服务托管至校外的公共机房中，由外部专业机构做维护管理。

3. 基于云计算数据中心的系统

院校无须自建机房，无须购置服务器，直接将应用服务部署到专业的、提供云计算服务的数据中心。若由省、市或区县统一建设云计算数据中心的话，各院校也可以不用单独购置公共应用服务。

（四）系统集成的模式

智慧校园系统集成模式一般应在以下三个层面进行：

1. 数据集成

利用公共数据平台，从应用服务数据库中抽取出需要共享的数据，构建全校共享数据库，为相关应用系统提供共享数据访问服务，为在全校范围内进行综合数据分析服务提供完备、有效、可信的基础数据。

2. 认证集成

利用统一用户认证平台，将应用系统中的用户身份信息集成起来，实现单点登录、多系统漫游。

3. 应用发布集成

以公共数据平台中的数据为基础，通过信息门户系统为广大师生提供个性化的综合信息服务，扩展部门级管理信息系统的信息服务能力。

三、管理与维护

（一）管理与维护的任务

智慧校园管理与维护主要是针对已经构建的各系统，采取相关的管理办法和技术手段，对运行环境和业务系统等进行维护管理，以保障智慧校园稳定运转的工作。

（二）运行维护管理体系

运行维护管理体系包含为了达到智慧校园运行维护管理的目标所建立的方针政策、组织机构、规章制度、流程规范和技术手段等。

1. 运行维护管理体系的建设目标

智慧校园运行维护管理体系的建设目标是建立运行维护管理的组织机构，制定科学有序的规章制度和管理流程，实施统一的运行维护规范，应用运行维护管理工具搭建运行维护管理平台，保障智慧校园的稳定运转。

2. 运行维护管理体系的内容

智慧校园的运行维护管理体系包括运行维护管理的对象、组织结构、规章制度、管理流程及工具等。智慧校园运行维护管理的对象主要为基础设施和应用支撑环境，包括链路管理、机房及配线间管理、网络管理、服务器管理、应用系统软件运行环境管理、多媒体或智慧教室管理、多功能会议室管理、安防监控管理、数字广播管理、数字电视台管理等。

3. 运行维护管理的实施

智慧校园的运行维护管理应明确管理对象，针对不同的管理对象确定管理目标，设立相应的组织机构及人员，制定相关的规章制度，针对运行维护管理的各环节工作制定标准的管理流程，并采用多种运行维护管理工具搭建运行维护管理平台。

4. 运行维护管理的组织机构

智慧校园运行维护管理的组织机构分为：信息主管部门、业务部门和第三方服务商。

（1）信息主管部门中应设置网络运行维护管理人员、信息系统运行维护管理人员和数据中心运行维护管理人员。

（2）业务部门中应设置专职或兼职的网络管理员和应用系统管理员。

（3）第三方服务商包括设备厂商、业务系统提供商及运行维护服务商。

5. 运行维护管理的制度和流程

（1）运行维护管理的制度应包括 IT 资产管理制度、网络管理制度、机房及配线间管理制度、知识管理制度、应用软件管理制度等。

（2）运行维护管理流程应包括服务台流程、资产及资源管理流程、知识管理流程、故障和事件处理流程等。

6. 运行维护管理工具

运行维护管理工具是指为达到运行维护管理的目标，促进运行维护管理的规范化、流程化，提高运行维护管理的效率，针对运行维护管理的各项内容所采用的支撑工具，包括服务台、IT 资产管理、IT 项目管理、IT 运行管理、IT 流程或调度管理、IT 系统优化和决策支持等功能的软件系统工具。

四、应用与推广

（一）智慧校园应用与推广的任务

智慧校园的应用与推广主要指利用已经构建的技术系统和数字化资源，创新教育教学模式，提升师生的信息素养和职业技能，优化学校的管理流程，提高教育管理和服务质量，深化和拓展信息化应用层次和范围。

智慧校园应用与推广的任务包括师生和管理人员信息化意识和能力的提高、人员培训体系和机制的建设、信息化政策和激励机制的建设、教育技术服务体系的建设。数字校园的系统建设完成后，管理与维护、应用与推广这两个阶段在实践中通常是并行的。

（二）智慧校园应用与推广的策略

智慧校园的应用与推广需要学校内部的管理部门、职能部门的教职工相互协调与配合。在智慧校园的应用上要结合学校自身情况，根据机构设置、政策制度、应用层次、技术体系、使用人群等方面的情况制定对应的推广策略。

1. 建立与强化保障机制

智慧校园在推进过程中，面临最大的阻力往往不是技术，而是管理流程、政策、机制的束缚。因此，学校在加快和保障智慧校园应用与推广的过程中，一定要建立和强化各项保障机制，其中，建立强有力的组织领导体系在应用与推广初期尤为重要。由学校主要领导担任信息化建设领导小组组长，各部门、院系负责人担任信息化推进工作子系统负责人，统一规划，明确职责，加强监督检查，确保智慧校园在运行期间的正常运行和问题的及时反馈。

2. 建立全员信息化培训体系

智慧校园应用与推广运行期间，坚持对学校运行维护人员、系统与设备具体的管理与使用人员进行集体培训与单独辅导，以培训促应用，以培训促推广，以培训促创新。

学校需要制定信息化建设的培训政策、培训评估体系、培训费用制度、培训绩效考核等一系列与信息化培训相关的制度，保证信息化培训的有序进行。在培训内容上，须建立信息化意识、信息化伦理、信息化知识、信息化技能，以及借助信息技术完成业务的能力等多方位的培训内容体系，使教师与学生的信息素养和职业技能得到切实的提高。

3. 加大支持力度，营造良好信息化使用环境

学校可设立信息化建设业务支持小组，在智慧校园应用初期收集教职工及学生的意见，指导协助系统初始数据的分析与录入，针对教职工、学生在应用过程中所遇到的问题及时提供处理意见和方法。

良好的信息化使用环境可以给教师与学生带来更好的教与学的氛围，在智慧校园应用与推广过程中，要激发学生及教师对信息化工具的使用兴趣，创造信息化教学、信息化学习、信息化管理的全员参与的积极氛围，切实提高教师与学生的使用满意度。

4. 试点应用，逐一推广

由于智慧校园涉及的人员、业务范围较大，且实施周期较长，学校在智慧校园的应用与推广上，可以统一规划，分批次试点，逐一推广。例如，可在教务管理、学生管理等系统中选定一个或几个功能模块优先推广应用，使教职工与学生能够逐渐熟悉了解系统的操作，切实体会到信息化系统带来的便利后，再逐渐推广系统其他模块，实现由点到线再到面的推进过程，其他覆盖面较小的系统可以直接投入使用。

第三章　智慧校园教学环境建设

智慧教育环境是指利用信息化技术和教育教学理念，构建起具有高度互动性、个性化和智能化特点的学习和教育环境。它以数字化设备、网络技术和人工智能为支撑，通过互联网、云计算、大数据等技术，实现教育资源的数字化、网络化和智能化，并提供个性化的学习体验和服务。

第一节　智慧教学环境概述及类型

一、智慧教学环境概述

（一）智慧校园

智慧校园是智慧教育中有关智慧学习环境的重要组成部分。进入现代社会后，教育的基本功能体现为促进社会发展和促进个体发展，学校便成为促进社会发展和个体发展的主要载体。

智慧校园作为智慧城市中智慧教育的重要组成部分，是继数字校园后关于院校信息化建设的又一全新概念。物联网技术在教育中的应用推动了数字校园向智慧校园方向的升级发展，使得基于物联网的智慧校园将校园中的物体连接起来，实现了校园的可视化智慧管理，构建了富有智慧的教育教学环境，为师生提供了一个全面的智能感知环境和综合信息服务平台，使课堂得以向真实的场景延伸。

1. 智慧校园的概念

智慧校园是信息技术高度融合、信息化应用深度整合、信息终端广泛感知的网络化、信息化和智能化的校园。智慧校园是多域融合共享和泛在的智慧服务，它能实现多域间资源及其业务的融合和共享，并实现无所不在的信息服务综合化和智慧化。

关于智慧校园的概念和特征，不同研究领域的专家和学者给出了各有侧重的定义。物联网技术专家注重智慧校园的智能感知功能，认为智慧校园是基于物联网和云计算技术的数字校园，通过物联网传感器实现对物理校园的全面感知，利用云计算对感知的信息进行智能处理与分析，实现了校园内任何人、任何物、任何信息载体、任何时间、任何地点的互联互通，从而给广大师生提供了智能化的教育教学信息服务和管理。教育技术学专家注重智慧学习环境与智慧课堂等教学方式的改革，认为智慧校园是基于新型通信网络技术所构建的资源共享、智能灵活的教育教学环境，旨在利用计算机技术、网络技术、通信技术对学校与教学、科研、管理和生活服务有关的所有信息资源进行全面的数字化，并用科学规范的管理对这些信息资源进行整合和集成，以构成统一的用户管理、统一的资源管理和统一的权限控制，把学校建设成既面向校园，也面向社会的一个超越时间和空间的虚拟大学。学校信息化建设专家则注重智慧校园的应用和服务，认为智慧校园的建设不仅仅是物联网技术的应用（那只是感知部分），应更多考虑技术的特点，突出应用和服务。

综合各类现有观点，智慧校园是以物联网技术、云计算技术等为基础，以面向师生个性化服务为理念，以各种应用服务系统为载体而构建的融教学、科研、管理和校园生活为一体的新型智慧化的工作、学习和生活环境，旨在利用先进的信息技术手段，实现基于数字环境的应用体系，使得人们能快速、准确地获取校园中的人、财、物和学、研、管业务过程中的信息，同时，通过综合数据分析为管理改进和业务流程再造提供数据支持，推动学校进行制度创新、管理创新，最终实现教育信息化、决策科学化和管理规范化；通过应用服务的集成与融合来实现校园的信息获取、信息共享和信息服务，从而推进智慧化的教学、智慧化的科研、智慧化的管理、智慧化的生活及智慧化的服务的实现进程。

智慧校园是现实校园和虚拟大学的结合体。现实校园是智慧校园的基础，智慧校园是现实校园通过信息技术在时间和空间上的扩展与延伸，它包含了现实校园及其所衍生出来的数字空间。虚拟大学是智慧校园的远程教育功能部分，是智慧校园的对外服务的部分职能，它是传统校园数字化后社会功能的延伸。在智慧校园中，通过把感应器嵌入并装备到食堂、教室、图书馆、供水系统、实验室等，并且被普遍连接，形成"物联网"，然后将"物联网"与现有的互联网整合起来，可以实现教学、生活与校园资源和系统的整合。智慧校园可利用物联网技术来改变师生和校园资源交互的方式，提高交互的明确性、灵活性和响应速度，从而实现智慧化服务和管理的校园模式。

2. 智慧校园的特征

（1）环境全面感知

智慧校园中，通过利用各种智能感应技术，包括光线、方位、影像、温度、湿度、位置、红外、压力、辐射、触摸、重力等技术实时获取各种监测信息，可实现全面感知。全面感知包括两个方面：一是传感器可以随时随地地感知、捕获和传递有关人、设备、资源、位置（位置感知）的信息；二是对学习者个体特征（社会感知，包括学习偏好、认知特征、注意状态、学习风格等）和学习情景（情景感知，包括学习时间、学习空间、学习伙伴、学习活动等）的感知、捕获和传递。此外，智慧校园还具备对现实中人、物、环境等因素的特征、习惯的感知能力，并能依据建立的模型智能地预测一般规律与发展趋势。

（2）网络无缝互通

智慧校园支持所有软件系统和硬件设备的连接，支持校园中的人与人、物与物、人与物之间实现全面的互联互通，以及不同学习资源、服务和平台之间的互联互通，为各种随时、随地、随需的应用提供高速、泛在的基础网络环境和持续的服务会话。信息感知后可迅速、实时地传递，这是所有用户按照全新的方式协作学习、协同工作的基础。灵活、敏捷、开放、扁平化的网络环境，为用户提供了高可靠性、高稳定性的网络服务。信息服务无盲区，园区内的每一个角落，包括办公室、课堂、宿舍、餐厅等，都能随时随地地访问互联网络，使用各种信息服务。同时，以高速多业务网络体系支持各类信息的实时传递，最大限度地消除了时空限制。

（3）海量数据支撑

依靠"大数据"理念的数据挖掘和建模技术，智慧校园可以在"海量"校园数据的基础上构建数据挖掘模型，建立合理的分析和预测方法，对新到的信息进行趋势分析、展望和预测；同时，智慧校园可综合各方面的数据、信息、规则等内容，通过智能推理，做出快速反应、主动应对，实现智能化的决策、管理与控制，更多地体现智能、聪慧的特点。

（4）开放学习环境

教育的核心是创新能力的培养，校园面临着从"封闭"走向"开放"的诉求。智慧校园支持拓展资源环境，让学生冲破教科书的限制；支持拓展时间环境，让学习从课上拓展到课下；支持拓展空间环境，让有效学习在真实情境和虚拟情境中均得以发生。智慧校园构建开放的、多维度的学习与科研空间，具备支持多模式、跨时空、跨情境的学习科研环境。

（5）师生个性服务

智慧校园环境强调个性化的服务理念，针对不同类别的用户提供个性化的功能应用组合，向用户呈现更好的服务界面，提供便捷化、个性化的服务。

智慧校园建设中，以信息主动推送与主动服务为主，提供从内容、方式、界面等的"按需定制"的个性化访问服务。

（6）各类业务深度融合

智慧校园强调"以服务为核心，以管理为支撑"的理念，融智能感知、资源组织、信息交换、管理逻辑、科学决策为一体。智慧校园环节的最终目的是向用户提供更好的服务。智慧校园体现了校园活动的"深度融合"。"深度融合"包括学校信息化工作与学校各项常规工作在机制与机构等层面的融合、信息化平台资源的融合与集约化利用、信息化业务流程与消息数据的融合、信息化基于所有校园活动及与外部环境（如智慧城市）的融合等四个层面。"以人为本、深度融合"体现了智慧校园的内涵。

从以上智慧校园的概念和特征可以看出，智慧校园作为智能感知环境和新型校园的形态，一方面，体现在便捷的生活服务中，校园即社会，教育即生活，师生是校园的主体，便捷的生活、学习、工作环境是教与学的基础；另一方面，体现为一种新的管理模型，充分发挥信息技术的潜力，是对信息技术的深层次应用，是信息技术与现实社会的充分融合。智慧校园旨在通过对现实校园的信息流动、业务流程的深刻剖析和对信息技术的充分利用来实现现实校园内的新型协作关系，达成基于信息技术的智慧运行效果。然而，当前的研究和建设实践还远未达到这个实际效果。

3. 智慧校园与数字校园的比较

在物联网技术、云计算技术发展的推动下，智慧校园作为数字校园升级到一定阶段的表现，是一个高度融合信息技术，深度整合信息化应用，广泛感知信息终端的网络化、信息化和智能化校园。

在数字校园建设中，工作重点放在数据中心、基础支撑平台和业务系统的建设上，以消除"信息孤岛"和实现系统"互联互通"为目标，强调业务系统功能的实现，以是否完成相应的业务系统功能作为评价标准。在智慧校园建设阶段，主要从面向人的角度去重新规划功能布局与信息整合，从以功能为主的业务系统建设，转变成以人为主的信息/资源的整合、工作流程的优化、跨部门的业务流程整合和资源集成。

数字校园建设把重点放在了单独的业务系统上，关注"局部"胜过关注"全局"，关注"管理部门"胜过关注"服务对象"，集成趋于表面化，无法实现业务流程、服务一体化的整合。智慧校园通过对应用系统内部的信息、资源进行详细的分析，实现业务系统之间的"有机"联系，针对参与者的角色进行服务。要实现从数字校园向智慧校园的平稳转变，需要从根本上转变思路，改变原有的工作方式，从"面向系统"转向"面向人"。数字校园向智慧校园转型的时期是信息化建设的关键期。

（二）智慧教室

智慧教室应该是一种自我适应的学习环境，其核心是以新一代信息技术为手段，捕获、记录、分析学习者的风格，并以此为依据，定制个性化的学习方案，推送差异化的学习内容，使每位学习者均能在各自的起点水平上获得知识、能力、情感的完善与发展，并最终获得智慧。在学习方式上是以人（教师、学生）为主体，通过人与环境（设备环境、技术环境、资源环境）的高效互动，促进知识建构，获得能力发展。在传感技术、网络技术、富媒体技术及人工智能技术充分发展的信息时代，教室环境应是一种能优化教学内容呈现、便利学习资源获取、促进课堂交互开展，具有情境感知和环境管理功能的新型教室，这种教室被称为智慧教室。智慧教室是一种典型的智慧学习环境。智慧教室是一个能够方便对教室所装备的视听、计算机、投影、交互白板等声、光、电设备进行控制和操作，利于师生无缝接入资源及从事教与学活动，并能适应包括远程教学在内的多种学习方式，以自然的人机交互为特征的，可实现学生个性化和个别化学习，依靠智能交互空间技术增强真实感的教学环境。智慧教室是为教学活动提供智慧应用服务的教室空间及其软硬件装备的总和。

智慧教室是一种典型的智慧学习环境的物化，是多媒体和网络教室的高端形态，它是借助物联网技术、云计算技术和智能技术等构建起来的新型教室，该新型教室包括有形的物理空间和无形的数字空间，通过各类智能装备辅助教学内容呈现、便利学习资源获取、促进课堂交互开展，实现情境感知和环境管理功能的新型教室。智慧教室旨在为教学活动提供人性化、智能化的互动空间；通过物理空间与数字空间的结合，本地与远程的结合，改善人与学习环境的关系，在学习空间实现人与环境的自然交互，促进个性化学习、开放式学习和泛在学习。

智慧教室的特征主要体现在以下几方面：

1. 智慧教室的人性化

智慧教室的使用主体是教与学活动中的人，所以智慧教室的设计应更多地体现对教室使用者（即教学者与学习者）的关注。在相应技术的支持下，在技术设计与应用上更多地体现以人为本的精神，如在教室设计方面应体现绿色环保和无障碍设计。无障碍设计也是智慧教室人性化特性的表现，通过标准化的设计，智能无障碍的课堂可以满足一些特殊人群的学习需求。

智慧教室的人性化还体现为：智慧教室能充分解开教学技术对教师的束缚，使教师更多地关注教学过程本身。如智慧教室中交互式白板的应用，有助于教师身体语言的发挥，教师使用交互式白板容易对材料展示过程进行控制，教师不必到主控台前操作，就可以控制演示材料的播放，这使得课堂中教师的身体语言得以充分发挥，也避免了课堂上由于教师往返于黑板与主控台间而分散学生注意力的问题。使用交互式白板，教师能在教室前为全班上课，将最新技术与有效的教学方法结合起来，使肢体及视觉与课程资料产生互动，从而提高学生的学习兴趣，保持其注意力。

对学生而言，智慧教室中交互式白板的应用也使以前色彩单调、呈示材料类型仅限于手写文字和手绘图形的黑板变得五彩缤纷。交互式白板既可以像以往一样自由板书，又可展示、编辑数字化的图片、视频，这将有利于提高学生的学习兴趣，保持其注意力。有研究表明，交互式白板在课堂中的合理使用与提高学生的参与性有一定的正相关性，它能够让学生展示他们所学到的知识，减少或消除学生的行为问题，有助于与学习较慢的学生进行沟通。

2. 智慧教室的混合性

智慧教室的混合性主要体现为多种教与学活动的混合、正式学习与非正式学习的混合、虚拟课堂与真实课堂的混合。智慧教室可以实现多种教与学活动的混合，智慧教室要让学生有充分实践和解决问题的机会。例如，在师范院校的教师教育课程中，学生在实践中掌握教学理念和教学方法，完成不断增加的具有挑战性的实际任务，而不仅仅是进行学科概念知识的汲取。智慧教室要适合情境学习。网络和多媒体技术的应用，使得情境学习成为可能。例如，教学者可以根据教学的需要，利用多媒体设备创设教学所需的情境。智慧教室应能扩展"课堂"的范围。关于学习发生的地点，虽然我们把重点放在教师和学生互动的课堂中，但是泛在学习使得课堂扩大到了更大的范围，一些研究考虑将正式学习和非正式学习结合，设计课内和课外相结合的学习方式。

3. 智慧教室的开放性

智慧教室的开放性主要体现为课堂教学组织形式的开放及教学资源的开放。教室桌椅设计能够方便不同教学活动的要求而灵活进行组织，而无须过多地移动桌椅。在资源方面，教学者和学习者可以很方便地获得课堂内外的资源，并与资源进行良好的交互。另外，开放性也体现为教室的设计需要为未来技术的应用预留空间。虽然我们现在还无法预计在不远的将来哪一种技术将会盛行，但是我们可以判断，技术一定会朝着更加灵活、个性化的方向发展。在一般的课堂应用中，笔记本电脑和 PDA 一定会代替台式机，无线网络一定会成为标配。

同样，在智慧教室的教育资源应用上也体现出智慧教室的开放性。首先，基于互动式白板技术的智慧教室能够有效实现课堂教学过程中资源的生成性和预设性的完美融合。其次，使用交互式白板能即时、方便、灵活地引入多种类型的数字化信息资源，并对多媒体材料进行灵活的编辑组织、展示和控制。交互式白板使得数字化资源的呈现更灵活，解决了过去多媒体投影系统环境下，使用课件和幻灯讲稿教学材料结构高度固化的问题。最后，交互式白板的使用使得教学过程中对计算机的访问更加方便，白板系统与网络和其他计算机程序互补，促使师生皆以计算机作为认知和探索发现的工具。

4. 智慧教室的智能性

智慧教室应是一个智能化的教室。智慧教室的智能性主要表现为智慧教室实际上是一个嵌入了计算、信息设备和多模态的传感装置的智能学习空间，教室各组成要素之间都具有自然便捷的交互接口，以支持教与学主体方便地获得智慧教室中计算机系统的服务。教与学主体在智慧教室中的教与学的过程，就是人与计算机系统不间断的交互过程。在这个过程中，智慧教室中的设备不再只是一个被动地执行人的操作命令的信息处理工具，而是协助人完成任务的帮手，是人的伙伴，交互的双方具有和谐一致的协作关系。这种交互的和谐性主要体现为人们使用计算机系统的学习和操作负担将有效减少，交互完全是人们的一种自发的行为。自发意味着无约束、非强制，自发交互就是人们能够以第一类的自然数据（如语言、姿态和书写等）与课堂设备（计算机系统）进行交互。

智慧教室的智能性可以使教学者与学习者能更多地关注教与学的过程本身，而无须关注技术。智能的、友好的人机交互使得人的潜能能够尽可能地发挥。如当教与学的主体进入课堂后，课堂的设备会根据主体的身份识别提供相应的服务，教学设备会自动启动进入待用状态，教学者的教学内容会自动进入学习者的学习终端设备，教室的摄像、录像设备也会智能地跟踪教学者与学习者的活动，并进行记录，存储在服务器上，供学习者课后复习或提供给远程的学习者。

5. 智慧教室的生态性

教育生态学是研究教育与其周围生态环境之间相互作用的规律和机理的科学。基于教育生态学的视角，智慧教室应该是一种平等、和谐、开放的生态系统。课堂教学生态包括两大基本构成要素，即生命体（课堂教学生态主体）和生命成长赖以发生的环境（课堂教学生态环境）。课堂教学生态主体包括教师和学生。在课堂生命体和其生长环境所构成的生态关系中，作为主体的可以是个体，也可以是群体。多个教师个体可以组成教师种群，多个学生个体也可以组成学生种群，教师种群和学生种群可以共同组成师生群落，不同的师生群落（包括虚拟的和现实的）也可共同构成课堂教学生态主体。生态因子是课堂教学生态环境的构成要素，课堂教学生态关系中的环境可以是生物的，也可以是非生物的。根据生态因子的不同性质，可将其划分为物理生态因子、生命生态因子和人为生态因子等，它们所构成的物理生态环境、生命生态环境和人为生态环境共同组成课堂教学活动赖以发生的课堂教学生态环境，而课堂教学生态环境与课堂教学生态主体之间、课堂教学生态主体内部各部分之间，以及教师个体、教师种群、学生个体、学生种群、师生群落之间的相互影响和相互作用，则实现着彼此间的有机联系和物质循环、能量流动与信息流通，并共同构成课堂教学生态。

6. 智慧教室的交互性

在智慧学习环境下，能实现师生间和学生间高效的互动。课堂教学的交互过程是学生意义建构的过程，因此，互动是课堂教学的重要组成部分，也是有效课堂教学的体现形式之一。智慧教室应能促进课堂的交互。智慧教室应有多种不同类型的交互原则，其中，教师与学生的联系、学生与学生的协作、快速课堂反馈、高期待的沟通应用得最为普遍。智慧教室的交互性主要体现为智慧教室中的教与学的过程，更多地体现为一种互动过程，这种互动包括教学者与学习者之间的互动，学习者与学习者之间的互动，教学者、学习者与教学资源、学习资源之间的互动，课堂教学主体与课堂设备之间的人机互动，现实课堂与虚拟课堂中的人、资源与设备的互动等。智慧学习环境支持虚拟或面对面的课堂教学、合作学习、小组讨论、基于项目的学习等，能够有效地促进学生以不同方式建构知识，进行有意义的学习。

7. 智慧教室的可评价性

目前，学校采用的评价方式大多是终结性评价，其目的是在课程结束时测试学生是否掌握了学习内容。实际上，对学生的学习过程需要持续不断地进行形成性评价。在智慧学习环境下，可利用技术手段收集学生在阅读教材和辅导书籍、参与课堂互动和小组协作学习等方面的痕迹，这将有益于科学、准确地评价学生的学习效果。

8. 智慧教室的可管理性

构建智慧学习环境是一个系统工程，从工程角度来看，涉及网络设计、空间设计、供电设计等多方面。要做到内容统一管理，硬件设备应安全可靠、绿色环保，设施应具备节能的特性，同时，符合无障碍设计要求。

智慧教室是在物联网、云计算、大数据等新兴信息技术的推动下，教室信息化建设的最新形态。立足教学活动需求，提供智慧化的应用服务是智慧教室的核心使命，达成最优化的教学效果是智慧教室的终极目标。运用智慧技术、提供智慧服务、实现智慧管理是智慧教室区别于多媒体教室和网络化教室的主要特征。

（三）智慧图书馆

1. 智慧图书馆的概念

对于智慧图书馆的概念，目前国内外尚无统一的定义。学者们分别从不同角度进行相关阐述。华侨大学的严栋从感知计算角度指出，智慧图书馆旨在利用新一代信息技术改变用户和图书馆系统信息资源交互的方式，以便提高交互的明确性、灵活性和响应速度，从而实现智慧化服务和管理，智慧图书馆＝图书馆＋物联网＋云计算＋智慧化设备。智慧图书馆是一种建立在物联网和数字图书馆基础上的新型图书馆，具有物联网和数字图书馆的双重特征，是将智能技术运用在图书馆建设中而形成的一种现代化建筑，是智能化建筑与高度自动化管理的数字图书馆的有机结合和创新。智慧图书馆应该是感知智慧化和数字图书馆服务智慧化的综合。所谓感知智慧化，即通过传感器将图书馆的 Internet 网络延伸到图书馆的建筑环境、文献资源、设备及读者证件等图书馆的所有管理对象上，真正达到人与人的对话、人与物的对话，以及物与物的对话；所谓数字图书馆服务智慧化，即数字图书馆服务不仅提供资源的服务，而且通过人和知识的融合，为用户营造一个和谐的知识生态环境，提供更高层次的知识服务。智慧图书馆以数字化、网络化、智能化的信息技术为基础，以互联、高效、便利为主要特征，以绿色发展和数字惠民为本质追求，是现代图书馆科学发展的理念与实践。虽然不同的学者对智慧图书馆的定义有不同的见解，但仍取得了一些共识，即智慧图书馆与智能技术、数字图书馆技术等紧密联系，融合图书馆运行的所有环节，最终将会实现图书馆实体和虚拟环境的智慧化。

综上所述，智慧图书馆是以图书馆的各类资源为基础，以物联网和云计算为技术支撑，以为用户提供个性化、人性化、智慧化服务和管理为目的的一种数字图书馆的高级发展形态。

智慧图书馆既有传统数字图书馆的功能，又具有其鲜明的智能化特征。在智慧图书馆的智能空间中，计算与信息将融入人们的生活空间，将从根本上改变人们对图书馆的认识。在任何时间、任何场所，人们都能自如地访问信息，并获得智慧化服务。智慧图书馆将"主动"地服务于用户，以实现用户之间、用户与图书馆之间、用户与信息资源之间及信息资源之间的通信，实现真正意义上的无人值守的智慧化服务和管理，实现 24 小时的泛在化服务。

2. 智慧图书馆的特征

基于物联网的智慧图书馆，是全方位开放式的图书馆；综合的学术资源信息服务中心、配套齐全的活动中心、高效便捷和节能的智慧中心。它具备以下五个主要特征：

（1）沟通智慧化

利用物联网的多种内部及外部信息交换手段，以及先进的物联网通信设备，构成一个基于物联网的通信智慧系统。在智慧图书馆中，不仅可以利用现有的互联网开展文献信息服务，而且还可以利用物联网技术实现更大范围的信息资源共享。

（2）建筑智慧化

图书馆建筑智慧化的范围包括图书馆自身的建筑主体，以及维持图书馆运行所需的设备或器具整体。智慧图书馆可以在安防、空调、照明、给排水等设备中嵌入传感器设备，实时采集并监测其运行状态信息，实现智慧化的故障分析、设备监控、能耗管理等功能。它还能对温度、湿度、照明度加以智慧调节，控制背景噪声，为读者提供一个舒适的环境。它具备智慧化的消防与保卫系统，其空调系统能监测空气中的有害污染物含量，能自动通风和消毒。从而确保馆内人员的安全和健康。同时，智慧系统能使图书馆内各种机器设备的运行、保养、维护更趋智慧化，从而优化人力和物质资源的配置，达到降低成本、节能减排的目的。通过物联网和传感网络对图书馆建筑进行广泛连接和互联互通，实现智慧化、综合化的控制与管理，构建一个智慧化的图书馆建筑系统。图书馆的智慧化建筑有助于构建一个更加安全、稳定、环保的环境，提高运行效率，降低社会成本。

（3）资源智慧化

资源是图书馆运营的基础，图书馆资源智慧化主要包括两个方面的含义，即资源海量化和存储无界化。无论是图书馆的印刷型资源，还是数字化资源，都在迅速增加，从书籍、期刊、绘画、书法、影视、图纸、照片到网页上的各种消息和以上信息之间的关系与衍生物，无所不包。图书馆的每一项实体资源都将被植入智能芯片，使之成为一个可识别的独立个体，并实时反馈状态信息。在资源海量化的基础上，智慧化图书馆选择由大规模、安全、可靠的"云"来提供业务支持和资源服务，以实现资源存储无界化。

（4）管理智慧化

图书馆要实现智慧化，必须有一个智慧的管理系统作保障，有效协调各个管理对象，包括信息资源、硬件设施环境、用户服务过程、日常运行维护等，收集、加工、整理所有互联的实物与虚物的信息，能规范图书馆员工工作流程，并对他们发出及时而科学的指令，使智慧图书馆真正智慧化运行。

（5）服务智慧化

在智慧图书馆中，通过物联网把各项独立的事务处理通过信息交换和资源共享联系起来，构建一个具有事务处理、管理和决策机能的服务智慧系统。工作人员通过利用它，可

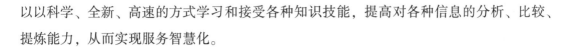

以以科学、全新、高速的方式学习和接受各种知识技能，提高对各种信息的分析、比较、提炼能力，从而实现服务智慧化。

二、智慧教学环境的系统模型与类型

（一）智慧教室的系统模型与类型

1. 智慧教室的系统模型

智慧教室的"智慧性"涉及教学内容的优化呈现、学习资源的便利获取、课堂教学的深度互动、情境感知与检测、教室布局与电气管理等多个方面，可概括为内容呈现（showing）、环境管理（manageable）、资源获取（accessible）、即时互动（real-time interactive）、情境感知（testing）五个维度，简写为"S. M. A. R. T."。这五个维度正好体现了智慧教室的特征，可称为"SMART"概念模型。

在"SMART"概念模型中，"环境管理"（M）和"情境感知"（T）两个维度是智慧教室装备的共性要求。"环境管理"维度要求智慧教室能够实现对所有设备、系统、资源的监控和管理。"情境感知"维度包括两个方面：一是对室内的空气、温度、光线、声音、颜色、气味等参数的监控，为"环境管理"提供依据；二是利用课堂录播系统记录教学过程，利用手持设备记录交互过程、监测学习结果，从而完成对学习过程的跟踪。

"SMART"概念模型的侧重点在于呈现智慧教室的"智慧性"特征，在该模型中，智慧教室由基础设施（infrastructure）、网络感知（network sensor）、可视管理（visual management）、增强现实（augmented reality）、实时记录（real-time recording）、泛在技术（ubiquitous technology）六大系统组成。

基础设施系统包括物理空间、桌椅装置、供电配电、通风空调、灯光照明等子系统。布局合理的物理空间和符合人体工程学的桌椅构成了智慧教室的空间环境。安全可靠、健康节能的供电配电、通风空调和灯光照明系统也是必备的设施条件。

网络感知系统包括网络接入、射频识别、人体识别等子系统。网络接入既可以是有线的，也可以是无线的。

可视管理系统包括监控、中控、能耗等子系统。智慧教室中软硬件装备、运行能耗、教室现场等都可以被实时监控，并基于大数据进行智能化分析，最终管理员可以通过可视化界面查看运行状况、进行管理操作。

增强现实系统包括交互演示、视频会议、穿戴设备等子系统。交互演示子系统代表着智慧教室的教学信息呈现能力。视频会议子系统支持异地同步互动教学。穿戴设备子系统会使物理环境与虚拟环境的无缝融合更为便捷。

实时记录系统包括课程录播、电子学档、课堂应答等子系统。课程录播子系统用于记录教学全过程。电子学档子系统为教师教学决策和学生自主学习提供有效数据支持。课堂应答子系统支持课堂教学的及时反馈、深度互动。

泛在技术系统包括云端服务和移动终端等子系统。泛在技术强调信息技术和环境融为一体。智慧教室中的泛在技术既包括处于云端的海量教育资源和教育应用服务，也包括本地的笔记本电脑、平板电脑、智能手机等移动终端。

2. 智慧教室的类型

现有的智慧教室建设，根据不同的分类标准，有如下的分类方法：

（1）按照"SMART"模型，从内容呈现、资源获取和即时交互三个维度，可以将现有的智慧教室分成"高清晰"型、"深体验"型和"强交互"型三种。

（2）按照智能教室实现的技术条件，现有的智慧教室可以分为以下三类：

第一类是基于硬件技术的智慧教室。国外许多大学和国内的一些教育信息化装备企业将这类配有多媒体计算机、计算机网络、液晶投影、AV 系统视频展示台、扩音系统等设备的多媒体教室称为智能教室，如 University of Alberta、University of California、Mahatma Gandhi University 等。

第二类是基于软件技术的智能教室。这种类型的智能教室主要是借助于网络实现的、基于软件形成的虚拟智能教室，能够实现对学习者的学习支持，提供多种学习资源和学习形式、群体交流与合作手段等，如 Classroom 2000、NASA（美国国家航空航天局）的未来教室计划等。

第三类则是综合了前两者的优点，既重视硬件技术的支撑，又借助于软件系统对硬件技术进行智能的集成控制，并对学习者的学习进行智能的跟踪和记录，还能实现现实教室与虚拟教室（面向远程学习者）之间的信息互通及群体间的互动。

（3）按实现功能类型划分，智能教室可以分为基本智能教室、交互智能教室和双向视频智能教室。基本智能教室（essential smart classroom）也就是我们所理解的多媒体教室，由计算机、数据投影仪、集成控制面板、扩音系统等组成。交互智能教室（interactive smart classroom）除具备基本智能教室的功能特征外，还提供师生、生生，以及学生与学习资源之间的交互。双向视频智能教室（two-way video smart classroom）除拥有基本智能教室的所有特征外，还添加了电视摄像机和话筒，便于进行远程教学。

（二）智慧图书馆的系统结构与组成

智慧图书馆的网络架构主要有三层：感知层、网络层和应用层。

1. 感知层

在感知层主要通过传感器、二维码标签、RFID 等感知终端，对实体进行感知并采集信息。例如，智慧图书馆通过传感器对室内的温度、光线、烟雾浓度、湿度等进行感知。温度传感器可以根据气候的变化自动调节馆内的温度，使其始终保持在最适宜的温度。光线传感器可以自动调节室内的亮度，在阴雨天气通过调节使室内亮度适合大家学习并且减少对眼睛的伤害。当室内烟雾达到一定浓度时，传感器就会感应信息，启动报警。感应器和监测器相连，受监测系统控制。感知层能够完成对图书、读者、书架等设备和建筑物的自动感知。

2. 网络层

网络层主要由互联网、网络管理系统及云计算平台等组成，是智慧图书馆的神经中枢系统，负责对感知层获取的信息进行处理并传递给应用层。网络层的关键是网络协议，如智慧图书馆的书架上有特定的 RFID 阅读器，放在书架上的书有电子标签等。阅读器和电子标签可按某种特定的通信协议互通信息。智能书架能将每一本书的详细信息读出来，当有借阅者借走图书时，智能图书架能将借走的图书情况记录下来并反映到图书管理系统中，某种图书的数量少于设定的值时，书架会提醒管理系统及时补上，同时，该书架会对总体的书本借阅做分析，将分析结果及时地反映给管理系统。

3. 应用层

应用层是智慧图书馆的实际应用层。智慧图书馆的智能借还系统极大地提高了借还图书的效率。借阅者选好图书后只需刷卡即可，系统能自动对图书的信息及借阅人的信息进行记录。归还图书时系统会自动检查，如果图书完好就进入正常还书界面，如果图书被损坏，该系统就会显示图书损坏的程度，并列出赔偿的方案。当某本书超过了还书的期限时，系统会自动做出提醒。智慧图书馆的智能图书定位系统能够为借阅者呈现准确的立体导航图，使借阅者能够快速地了解到该图书所在的库位和架位。同时，通过实体图书馆与数字图书馆对接系统，借阅者能够利用智能终端进一步了解该图书的详细信息，如图书的阅读评论及电子图书等。智能图书点检系统能够自动完成图书的查找、盘点、顺架、导架等功能，同时，可向管理人员提供图书借阅率等资料，以便管理人员能随时补充图书，提高了图书馆工作人员的工作效率。

第二节　智慧教学环境建设

一、智慧校园建设的总体架构

智慧校园建设的总体架构从下到上分别为智能感知层、网络通信层、智能信息采集与管理平台层、智慧应用支撑平台层、智慧校园应用层和统一信息门户，辅以信息标准与规范体系、运行维护与安全体系两个保障体系，保障智慧校园的规范建设与运行维护。

（一）智能感知层

在智慧校园中，智能感知层位于系统的最底层，通过无处不在的传感器、二维码标签、RFID、摄像头等感知和识别校园中相关物体的信息，实现对校园的人员、设备、资源等环境的全面感知，具体包括物与物的感知、人与物的感知，以及系统间信息的实时感知、捕获和传递等。这就要求传感器不仅要实时感知人员、设备、资源的相关信息，而且还要感知学习者的个体特征和学习情境。

（二）网络通信层

网络通信层的主要功能是实现移动网、物联网、校园网、视频会议网等各类网络的互联互通，实现校园中人与人、物与物、人与物之间的全面互联互通与互动，为随时、随地、随需的各类应用提供高速、泛在的网络条件，从而增强信息获取和实时服务的能力。

（三）智能信息采集与管理平台层

智能信息采集与管理平台层包括智能信息采集网络、物联网数据/元数据、物联网互通管理中心、物联网设备运行管理，主要功能是实现对收集到的数据的整理及不同系统之间数据的格式转换。

（四）智慧应用支撑平台层

智慧应用支撑平台层负责对收集到的信息进行全面集成、数据挖掘和智能分析，依赖于智慧校园中沉淀的多源、海量的非结构化和结构化数据，所有这些数据均通过 Hadoop 集群进行挖掘，数据分析和处理的结果存储在专用数据库中供系统和用户使用。

智慧校园以实现个性化服务为目标，客观上要求对校园用户的实际需求进行挖掘。校园网、无线网、一卡通、MOOC、数字学习、社交平台等系统的海量日志蕴含了用户日常工作、学习、生活中的行为习惯和爱好等，这为通过数据挖掘提升用户的使用体验、改进服务流程和提高服务质量提供了条件。

（五）智慧校园应用层

智慧校园应用层主要提供个性化服务、智能决策服务等。通过将教务管理系统、科研管理系统、人事管理系统、财务管理系统、资产管理系统等典型业务系统，传感系统、视频监控系统、社交网络系统等新型业务系统，以及各种应用系统进行高度融合，构建开放的学习环境，最终为师生提供个性化、智能化的应用服务。

（六）统一信息门户

智慧校园通过对各种服务进行融合，展现在用户面前的不再是一个个孤立的应用系统，而是统一、友好的使用入口界面——综合信息服务平台（统一信息门户）。统一信息门户能够提供统一的接入门户和入口界面，针对不同授权角色的用户，提供个性化的信息服务。用户只需访问个性化的校园门户，就可以进行各种信息资源的查询、交互与协同。同时，信息化的服务方式提高了管理效率和管理水平，有助于监控服务质量，提高服务能力。

（七）信息标准与规范体系

信息标准与规范体系确定了信息采集、信息处理、信息交换等过程的标准和规范，规范了应用系统的数据结构，满足了信息化建设的要求，为数据融合和服务融合奠定了基础。

（八）运行维护与安全体系

运行维护与安全体系是智慧校园正常运行的重要保障。智慧校园中的安全涉及物理安全、网络安全、数据安全和内容安全四个方面。物理安全包括设备安全、环境安全、容灾备份、介质安全等。网络安全包括风险评估、安全检测、数据备份、追踪审计、安全防护等。数据安全主要包括数据库安全、数字签名、认证技术等。内容安全主要包括数据挖掘、隐私保护、信息过滤等。

二、智慧校园系统的主要功能模块

(一) 身份管理模块

身份管理模块是对全校师生身份的统一认证和管理。全体师生可以到智慧校园管理中心申请，在 SIM 卡中以 RFID 电子标签的形式填写自己的个人基本信息，这就成了自动身份识别的终端。这样，师生的 SIM 卡的射频标签与师生的基本信息就可以通过师生信息的基本数据库进行转换。在教师离职、退休或者学生毕业时，可以申请删除自己手机 SIM 卡中的个人信息，SIM 卡会因失去自动识别功能再次成为一张普通手机卡。当教师或者学生的信息发生改变时，也可以申请更改，这些都是信息管理的功能。通过师生 SIM 卡的识别记录可查询其动态信息，比如考勤情况、到寝情况等。此外，还可以通过最近一次身份识别时标签识别器的位置来定位或追踪手机。

(二) 智慧教学模块

智慧校园在教学方面需要提供智慧的环境，智慧学习环境是一种能感知学习情景、识别学习者特征、提供合适的学习资源与便利的互动工具、自动记录学习过程和评测学习成果，以促进学习者有效学习的学习场所或活动空间，主要有以下特点：

第一，智慧学习环境包括融合的网络和先进的教学平台，旨在实现无处不在的网络学习。学生不仅可以在机房、图书馆、自习室、宿舍等用电脑进行网络学习，还可以在操场、食堂、草坪上通过无线网络随时随地接入网络，接收课程通知，参与课程讨论，提交作业，等等。

第二，学习终端不再局限于普通电脑，以 iPad 为代表的移动终端得到更广泛的应用，学生可以在课堂内外进行电子教材的学习，参与师生互动、生生互动等网络学习活动。

第三，教与学的方式将发生很大改变，教师通过智慧学习环境能够快速地识别学生特征，根据其课内、课外的学习过程，对其进行合理的分析与判断，将学习资源进行个性化推送，并在小组协作中进行优化组合，发挥特长，激发学生的学习兴趣与热情，提高学习效果。

智慧教学模块主要包含五个子模块：智慧教室、教学设备、智慧课程、实验实训、智慧考核。智慧教室通过对教室中的人、设备、环境、师生情绪等进行精确感知和监控，对信息进行综合运用，根据不同的教学内容，利用现代教育技术等教学手段及当前教室的电气装置和设备，提出情景教学模式，体现智慧教室具有教学内容呈现的优化性、学习资源获取的便利性、课堂教学互动的深度性、教学情景体验的感知性、教室电气布局的管理性特征，最终达到提高教学质量和提升学生就业能力的目标。教学设备是相互独立的，彼此之间的关联不太紧密，通过物联网将各个教学设备连接成一个互联互通的网络，可以提高教学设备的利用率。智慧课程借助于互联网将 PC 机、手机等终端设备连接到专业资源库上，使师生随时随地都可以方便快捷地访问专业资源库。在没有专业人员在场的情况下，通过自动识别学生或教师的身份并自动检测设备的状态，让他们自由出入实验实训场地，可实现实验实训的智慧化。智慧考核既是对教师教学质量的考核，也是对学生学习情况的考核。智慧考核可以公平公正地实现对教师和学生的同时考核。

（三）智慧科研模块

高等院校不但要进行教学研究，而且还要进行科学研究。智慧校园提供了创新的科研协作平台，通过知识管理，建立组织合理和分类规范的单位级、部门级的知识库，实现知识的获取、存储、学习和创新，为学校科研人员提供统一的知识资源服务，为科学研究提供强大的知识平台支撑；同时，加强科研团队协作建设，创新科研协作模式，科学研究不再是个人单打独斗的行为，也不是简单的工作叠加，而是团队合作创新的过程。通过协作平台，为科研协助支持、业务管理等方面创造条件，使科研人员的科研成果得到有效共享与交换，促进科研人员的科研水平及其工作效率的提升。具体而言，在智慧校园中构建智慧科研服务平台，对科研的方向、成果、动态等进行跟踪，对科研工作进行智能管理，将使科学研究活动的开展变得更为快捷、高效和便利。在科研项目申报过程中，教师申报的过程将会更为便捷，科研项目申请表中个人的基础信息将可以实现自动填报，还能主动推荐合作成员，校内团队成员的基础信息也能实现自动添加。在科学研究活动过程中，智慧校园将提供更加智能的知识管理服务、高效的协同支持服务、便利的科研项目事务管理服务等，使得研究工作更加高效、协同。另外，智慧校园还能实现科研成果的智能汇集和跟踪。例如，发表论文被引用、检索的自动跟踪，科研成果的自动汇集和统计等。

智慧科研模块主要包括四个子模块：项目管理、成果管理、政策法规、学术交流。项目管理子模块可以借助互联网，实现与上级主管部门及其他相关部门在科技方面的沟通，及时了解政府部门的科技政策与信息，组织横向和各级纵向科研项目的材料申报、统计报表、合同管理、过程检查管理、项目结题验收等，还能实现对科研经费的管理与监督。成果管理子模块可以实现专利申请、科技成果的鉴定，并利用各种渠道发布科技成果，促进科技成果的转化。政策法规子模块负责及时向全校师生发布关于科技的政策法规，并起草学校层面的科技管理制度。学术交流子模块负责组织和管理校内的学术交流活动，促使校内单位或个人加入学术团体的管理工作等。

（四）智慧管理模块

智慧校园提供智能高效的校务管理，包括数字迎新、学生管理、教务管理、协同办公、人事管理、资产管理、财务管理、智能环境监测管理等。

1. 数字迎新

数字迎新系统是智慧校园的重要应用。新生入学报到时，通过手机或者电脑等终端，可以便利地了解需要办理的手续。"新生导航"模块会非常智能地引导新生先到哪里办理身份确认，然后到哪里交费，再如何领取开学物品，最后如何办理入宿登记，等等，每个环节都会安排得有序而有效，节省了时间，实现了入学手续办理的智能高效。同时，学校统一数据平台实时将迎新系统的数据共享给学生处、教务处、财务处、后勤等相关部门，便于学校各部门能及时掌握新生报到动态，提前安排好各项准备工作。

2. 协同办公

协同办公可以实现多校区、各单位工作的快速协同，协同是将时间上分离、空间上分散，但又相互依赖、相互协作的个体之间进行联系的过程。通过设计表单与流程，实现公文网络审批的智能流转、电子签章、多人会签等，既规范了管理流程，又大幅度提高了工作效率。同时，支持移动办公，相关领导和工作人员可以利用手机进行公文批阅，重要的校内新闻、通知、公告、公文等会以手机短信、手机邮件等各种方式推送到手机，实现重要事务的应急响应与及时处理。

3. 智能环境监测管理

学生可以随时随地地查询有空闲座位的自习教室、开放的实验室，节省时间，提供学习便利；对于教室的使用情况，系统实时监控，管理人员可以根据系统反馈的情况，远程控制教室资源，如果教室已经处于完全空闲状态，系统就会自动以声光形式反映，管理员可以视情况远程关闭教室电灯、空调、多媒体等设备，节能减排，建设绿色校园；同时，教室、机房、宿舍安装了智能传感器系统，实时感应烟雾、温度、湿度等环境情况，并通过网络传输给监控大厅，如有异常，会及时发送手机短信提醒，便于管理人员及时排查隐患。

（五）智慧后勤模块

智慧后勤模块分为智慧安防、智慧医疗、智慧楼宇、路灯管理和图书管理等五个子模块。智慧安防子模块通过射频识别、GPS、遥感等技术，并结合日常的视频监控系统，全面感知校园的环境、人和物的变化，然后计算机系统将感知信息进行汇总、处理，适时地进行提示或报警。智慧医疗模块利用物联网技术实现教师和学生的医疗感知，为师生提供智慧体验。智能楼宇模块借助物联网技术实现办公楼和学生宿舍楼的智慧管理，包括水电管理、消防管理等。路灯管理模块旨在管理校园内部的全部路灯，根据时间、天气的不同对路灯进行实时智能管理。图书管理子模块通过物联网技术为每本图书设置 RFID 卡，师生可以方便地进行借阅和归还，并能进行实时查询，可以实现图书馆的无人化、智能化管理，并可以降低在图书馆人员和资金上的投入。

（六）智慧门户模块

智慧校园为用户提供一体化信息服务，实现信息的自动流转，而用户感受到的则是简单、便捷与实用。信息门户平台与业务系统进行深度融合，可实现对业务的集成，建设一个智能的、协同的智慧门户。智慧门户不仅是一个综合信息展现中心，而且是一个应用集成中心；智慧门户的内容能够随需而变，能够根据业务需求智慧构建；智慧门户能够将各个独立的信息系统联系起来，相互感知，实现智慧关联；智慧门户能够对分散于各系统的相关业务进行集中处理与查询，实现智慧集成；智慧门户能够对业务数据中有价值的信息进行分析、提炼，得到各类数据分析结果与趋势预警信息，以图形、报表、仪表盘等形式实时展现，帮助学校领导和相关管理人员科学决策。

（七）智慧消费模块

高校的校内消费是师生日常学习生活的重要组成部分，全体师生都拥有一张含有 RFID 电子标签的校园卡，当师生在身份可识别的地方进行消费时，相应的信息就会被读取出来，可以查询到卡主的相关信息及卡中余额，产生消费后，消费记录会以短信息的方式反馈给卡主。高校校内师生日常消费的场所包括食堂、超市、洗衣房、浴室、理发店、开水房等。

三、智慧教室建设

（一）智慧教室平台架构

智慧教室的平台构架由设备层、门户层、应用层、服务层、数据层、基础层、网络层七个部分组成。

1. 设备层

智慧教室支持多种设备接入用于设备连接。设备主要包括电子白板、电子黑板、笔记本电脑、平板电脑、网络摄像头、打印机、手机、监视器等一系列智慧教室的设备。另外，还包含智慧教室的周边辅助设备，如充电柜、网络设备、备用电源等。

2. 门户层

教育云服务网站，通过统一的登录服务，可以支持用户在电子书、手机、电脑等终端登录，登录后可享受多种服务，并在门户网站上集合教育资源管理、家校联络管理、学校教学管理、账号服务管理等多种相关功能的入口。

3. 应用层

综合智慧教室的主要功能，按照模块化、独立化的原则进行设计，主要包括远程教育系统、互动教学系统、教育应用商店、教室智能控制、教学质量评估系统、云书城、教师线上备课系统及智能阅卷系统。

4. 服务层

提供支撑应用层操作的相关基础服务，包括数据挖掘服务、身份认证服务、数据库服务、多媒体点播直播服务、全文检索服务及文件服务。

5. 数据层

智慧教室平台拥有多数据库的支撑，保证了平台数据的庞大性、可靠性、稳健性及账号数据的安全性，主要包含用户数据库、教学系统数据库、资源数据库及评价系统数据库。

6. 基础层

基础云服务包括存储服务、服务器服务、网络连接服务。支撑智慧教室平台系统的基础设施可以在云环境下稳定工作。

7. 网络层

智慧教室平台所依赖的基础网络包含平台所涉及的网络，有 5G 网络、4G 网络、3G 网络、2G 网络、无线网络、有线网络等。

（二）智慧教室系统功能组成

智慧教室一般由内容呈现系统、学习资源系统、教学交互系统、环境感知系统、实时记录系统、在线测试和评价系统及身份感知与识别系统组成。这些系统共用教室内的信息资源和各种软硬件资源，在完成各自功能的同时，彼此相互联动与协调。

1. 内容呈现系统

内容呈现系统是智慧教室的重要部分，也是开展课堂教学的基础。设计良好的内容呈现系统可以提高教学内容的传递效果。内容呈现系统包括交互演示子系统、虚拟现实子系统，通常由黑板、投影仪、电视、交互式电子白板（双板）、移动终端、电子书包、虚拟设备、无线机顶盒、扩音设备等组成，其基本功能如下：

（1）呈现教师的演示文稿、教学软件、操作过程等。

（2）呈现学生移动终端或者电子书包上的内容、作品及操作过程等。

（3）呈现教师与学习资源互动内容。

（4）呈现教师与学生互动内容。

（5）呈现学生与学习资源互动内容。

（6）实现虚拟教学环境，模拟出现实物理环境不容易实现的虚拟教学环境。

（7）实现对室内视觉、听觉呈现相关软硬件的管理。

（8）呈现语言扩声和音乐扩声。

交互演示子系统由移动终端、电子书包、交互式电子白板、黑板构成。根据需求，呈现教师上课教学内容，教师可以与云端教学资源实时交互，学生利用电子书包上课，也可以与云端学习资源实时交互。而且，交互演示子系统可以根据需求实时呈现教师与学生、学生与学生、小组与小组的交互内容，提高教学效率。交互演示子系统代表着智慧教室的教学信息呈现能力。

虚拟现实子系统旨在借助虚拟设备，实现物理环境与虚拟环境的无缝融合，让学生体验虚拟的不同学习环境，避免资源浪费。利用虚拟现实子系统可以更方便地实施情境教学，进行混合教学。

虚拟现实子系统又包括相互关联、协同工作的视觉呈现子系统和听觉呈现子系统。视觉呈现子系统由各种无线终端（信号源）、无线机顶盒（转换传输设备）、投影仪和电视机（显示设备）构成。无线终端通过局域网将画面发送给无线机顶盒，无线机顶盒连接到显示设备，实现显示功能。听觉呈现子系统可以实现教学过程中的语言扩声和音乐扩声。语言扩声主要用于教室内拾音、放大和扬声，一般采用以前置扬声器为中心的音响系统。音乐扩声主要用来播放音乐、歌曲等内容，采用双声道、立体声形式，有的采用多声道和环绕形式，多以低阻抗的方式与扬声器配接。

2. 学习资源系统

学习资源系统主要是指学习资源存储、分发系统。学习资源系统将开发的资源放置在云端，师生可在上课过程中实时同步课程资源，并保存教学过程中的生成性资源。此外，对于课堂教学过程，学习资源系统可实时录制并存储到云端。学习资源系统通常由电子书包、课堂教学资源、学习过程记录、云服务平台等构成，可实现以下功能：上传教师开发的教学资源，同步学生终端的学习资源，录制师生上课过程，存储教学过程。

学习资源存储、分发系统的主要功能是由教师将开发的数字化资源和教学过程中的生成性资源上传到云服务平台。学生也可以将自己开发和找到的学习资源上传到云服务平台，分享给其他同学。

3. 教学交互系统

教学交互系统是课堂教学过程中师生、生生交互的支持系统。该系统支持课堂讲授、协作学习及学生自主探究等多种学习方式，对于实施形成性评价具有重要价值。课堂交互系统通常由各种学习终端、云服务平台组成，可实现师生、生生的互动，小组讨论和学习，学生个人的探究，学习过程、学习评价的记录。

4. 环境感知系统

环境感知系统的使用有利于为学生营造一个健康、舒适的学习环境。该系统通常由温度传感器、气体成分传感器、压力传感器、光纤传感器组成。其基本功能如下：感知室内温度，当温度超过预设范围时发出警报，并启动温控设备；感知室内气体成分，当气体成分超过预设范围时发出警报，并启动新风设备；感知学生坐姿，当学生坐姿出现问题时，给予震动或声音提示；感知室内光线，当光线过强或过弱时，开启窗帘或照明设备。

（1）气候监控系统

气候监控系统由三部分组成：室外气象站、室内空气感知系统和空气调节系统。室外气象站可测量风向、风速、温度、湿度等常规气象要素，并将需要的气象信息及时传送到教室内的空气感知系统，由其决定是否发出警报、调节窗帘控制进光量或启动空气调节系统。空气调节系统一般由进风、空气过滤、空气热湿处理、空气的输送和分配、冷热源等部分组成。

（2）气味监控系统

气味监控系统能够对教室内的一氧化碳、二氧化氮、苯、氨气、烟雾等有毒气体和物质进行探测，其核心设备有感烟式传感器、感温式传感器、感光式传感器。

（3）照明监控系统

在智慧教室中，照明监控系统有两个任务。一是环境照度控制，即根据日照情况自动调整窗帘和室内灯光的开关。二是照明节能控制，将教室划分为若干区域，安装6~8个光传感器，可以根据不同区域的光线的强弱，自助开关该区域的灯光，从而达到节能的目的；也可利用光电、红外传感器检测室内的人员活动情况，一旦人员离开教室，就会自动关闭灯光，达到节能的目的。

以上智能环境感知系统（又称为环境控制系统），主要基于RFID等的物联网技术对课堂内的光、电、声、温根据学习者学习的需要进行控制，根据课堂外的光照条件调节照明，根据季节气候的不同调节温度，根据课堂内的声场环境调节声音系统，等等。

5. 实时记录系统

实时记录系统主要是在现在学校流行的录播系统上增加记录学生学习轨迹与教师教学轨迹的功能。教师可对教学视频进行分析，反思教学过程，撰写反思日志。实时记录系统可为教师教学决策和学生自主学习提供参考和有效的数据支持。

6. 在线测试和评价系统

在线测试和评价系统主要包括教师可以利用即时反馈系统在教学的过程中随机出题进行意见征集和应答反馈，以收集学生对某一具体内容和问题的观点或掌握情况，反馈结果可以及时呈现，便于教师及时调整自己的教学内容或过程。学生也可以利用同步标记系统对教师讲课时的声音大小及语速进行反馈，在教师的教学终端上，会即时显示学生对教师讲课声音大小和语速快慢的评价，教师可以根据学生的整体评价意见进行及时的调整，以保证教学的最佳效果。

另外，在课程学习开始前和课程学习结束时，可以利用在线测试和评价系统对学生的预习情况和本堂课程的学习情况进行测试，测试结果通过学习支持系统的后台运算，可以及时地提供测试分析结果。预习测试可以帮助教师了解学生的预习情况，从而确定自己的教学起点；学习结束时的测试，可以帮助教师了解学生课堂学习完成时的学习目标达成情况，对出现的问题可以采取及时的教学补救措施。

7. 身份感知与识别系统

智慧教室中利用射频识别、人体识别系统等传感装置可以按约定的协议，对教室里师生的出入情况进行记录，把各种设备连接起来并进行信息交换，实现智能化识别和感知。

四、RFID图书馆管理系统

图书管理是RFID技术应用的一个重要方面，图书馆是图书管理需求最为集中的应用场所。据调研分析，目前，全国共有1万多家图书馆，且大多数图书馆已经从纯手工管理方式过渡到了采用条形码识别、计算机网络、计算机软件技术的数字化管理模式。虽然采用了许多现代化技术，但还是有许多问题困扰着图书馆的管理及工作人员。例如，图书的自助借还、图书的快速盘点和查找、错架图书的整理等问题还是没有得到很好的解决，阻碍了图书馆进一步提高管理和服务水平。图书馆界也在不断地努力寻找一种更为先进的技术，来实现他们的迫切愿望。

（一）RFID 图书馆应用优势

电子标签具有双重角色的作用：一方面，是用于身份识别，用来对物品进行跟踪和清点；另一方面，是用于物品的安全保护。也就是说，RFID 同时具备了身份识别和防盗的功能。RFID 的这种特点大大地提高了资料处理能力，只需通过一个简单的操作就可快速、准确地完成资料流通过程。

1. 简化了借还书流程，提高了流通效率

现有的借还书流程仍然需要人工打开图书扉页并找到条码位置后才能扫描条码。这样的操作流程仍然较为烦琐，借还书效率比较低。同时，条码容易破损，这样不仅会影响借还书效率，而且会影响读者对图书馆的满意程度。

因此，需要引入先进的读写技术以实现自动化的图书借还流程，提高信息存储的安全性、信息读写的可靠性及借还书效率。

RFID 系统的自助借还书功能，支持一次借还 10 本以上（可灵活设定限制）的图书，大大提高了借还书效率。

2. 大幅降低了图书盘点和查找工作量

依靠人工的图书盘点工作量，特别是书架图书的盘点工作量太大而且效率很低。图书管理员盘点书架图书要凭自身的记忆对图书进行分类放置和记录，费时劳神又很难达到目的。引入先进的 RFID 图书盘点工具和方法，可实现图书盘点的自动化或半自动化。

RFID 非接触、远距离、快速读取多个标签的特点，使盘点工作简单有效，RFID 实现了轻松盘点和顺架等功能；上架时，可以根据书库图形化路线（相当于电子地图）指示馆员按正确位置摆放馆藏。

3. 改善了借阅管理和安全防遗漏流程脱节的情况

图书馆防盗系统现在还是孤立的防盗系统，在图书归还和上架之前要进行上磁处理，图书借出时则要进行消磁处理，工作量较大，直接影响了图书流通效率及图书管理的工作效率。在发现丢书的同时无法记录丢失图书的信息，对图书的日常盘点、补缺工作影响极大。

RFID 系统对现有的管理系统进行改进，将防遗漏系统与图书流通管理系统联系起来，记录每本图书的进出库情况，从而可以与借还书的历史记录进行匹配。

4. 提高了图书馆工作人员的工作满意度

图书馆工作人员由于积年累月的重复性劳动，加上图书馆工作本身就很繁重，很容易让图书馆工作人员对图书馆工作产生一定的消极思想；由于管理上存在缺陷，图书馆管理者在图书馆的管理上也大伤脑筋，加上读者也对图书馆表示不满，导致图书馆工作人员对图书馆工作的满意度有所下降。图书馆 RFID 系统可以弥补管理上的缺陷，同时，把图书馆工作人员从图书馆日常繁重的重复性劳动中解放出来，主要体现在以下几个方面：

（1）RFID 技术大大减少了流通工作量，剩余的流通工作也是配合 RFID 技术的自动化工作，这样大大提高了流通馆员的工作积极性和精神面貌。

（2）RFID 技术解放了大批流通馆员，使他们可以从事其他的更高级的咨询工作，如进行流动服务，举办讲座、展览、培训等。

（3）RFID 技术使图书馆工作人员的主要工作从流通转向咨询，有助于图书馆提升人员素质，吸引更多的专业人才加入，有助于图书馆其他服务工作质量的提高。

5. 提高了读者满意度

读者经常对图书馆产生不满，原因主要有以下几点：

（1）由于图书馆没有有效的手段对图书进行盘点，管理系统没有准确地对馆藏书籍进行记录，结果导致读者能够在系统里查到图书，但在实际上却找不到。

（2）由于借还书效率较低，借还书排队等候时间太长，读者无谓地被浪费时间，导致不满。

（3）借还书过程中出现的信息读取错误、条码无法读出等问题，增加了读者等待的时间，引起了读者的不满。

随着全社会成员服务意识的不断增强，读者对图书馆的服务要求也越来越高，图书馆需要迫切提高服务水平，提高读者满意度。

6. 改变了图书馆的服务模式

（1）可以实现无人图书馆。RFID 技术的应用，使无人图书馆成为可能，图书馆可以实现真正意义上的全天候开放。

（2）图书馆业务流程重组。RFID 解放了流通部门占有的大量人员，使图书馆的业务流程重组变得必要和可行。图书馆将从以馆藏为中心转向以读者为中心，提供给读者的服务将变得多元化、高级化和人性化。

（3）参考咨询性工作的重要性越发突出。图书馆的参考咨询工作是读者与信息资料之间的中介，使图书馆区别于一般的信息工具或者网络。图书馆流通工作淡化后，参考咨询工作会成为图书馆的主要工作。

（4）不满足于开展阵地服务、传统服务，充分利用各种设施和技术条件，为社会公众提供多样化、个性化服务，使图书馆的服务广度与深度都得到延伸，使公共文化服务能力得到提高。

7. 使图书馆实现了全面数字化管理

除了图书、光盘、馆藏珍品外，图书馆对其他方面的管理也需要数字化，如对读者的管理、行政管理等。传统的管理费时费力，缺乏效率，对读者、馆员来说都很不方便。通过 RFID 技术，能够有效地将这些环节数字化。

通过使用 RFID 技术，可在图书馆中实现快速馆藏清点功能、借还书时即时资料识别和安全防盗功能、快速准确的数据库检查和更新功能等，这使得图书馆管理员的工作变得更加轻松、简便。

RFID 系统可以和传统的安全系统同时使用，可以与现存的图书馆基础设施和集成图书馆系统（ILS）进行无缝连接。

综上所述，RFID 带给图书馆的好处是显而易见的，这些好处归结为一点就是"加强图书馆管理，满足读者需求"。

（二）RFID 图书馆管理系统总体设计

1. 设计思路

信息技术是现代图书馆最主要的技术支撑，馆藏图书文献是图书馆最基本的资源实体，文献提供是图书馆最主要的服务内容。

目前在国内图书管理系统中普遍采用"安全磁条+条形码"的技术手段，以安全磁条保障图书的安全，以条形码作为图书的身份证，解决了图书管理中的一些问题，但是图书高速盘点、图书借还、图书区域定位等问题还是没有得到很好的解决，而利用无线射频识别技术可使上述问题的解决变得相对容易，快速借还、高速盘点、快速查找、定位、顺架、导架、上架、整架、分拣等功能均可实现。对图书馆图书和文献服务的排架提出全新的定位和排架理念，采取文献、书库书架的一体化 RFID 标识，从而构架起计算机信息和馆藏文献、工作人员服务之间的更为方便、高效、便捷的桥梁。

2. 系统特点

（1）智能化识别

读者将要借或还的书籍全部放在自助借还书机读写器可识别区域内，读写器自动扫描图书里的 RFID 标签，一次性读取多本 RFID 图书标签的信息。

RFID 标签扫描时无须直线对准读取器，读写速度快。同时，RFID 是以无线电波来传递信息的，不会有传输屏障的问题。

（2）成本低廉

将非接触芯片嵌入低成本的介质，可以最大限度地满足解决方案的需要，应用这一先进技术可以大幅减少设备的投资和维护费用，以及硬件磨损的成本。

（3）人性化界面

读者可在自助借还书机的触摸屏上独立完成借还书，操作界面会提示读者按步骤进行操作，并且有详细的注意事项说明，借还书过程简单快捷。

（4）灵活性

自助借还书机的高度能由读者通过按钮进行调节，以方便儿童或其他人群使用；还书箱内底板可随书的重量自动调整其上下位置，以减轻工作人员的工作负担。

（5）安全性

按照 TCP/IP 联网协议，通过 SIP2 标准协议接口与图书馆终端数据库进行数据交换，确保系统安全。

RFID 标签内部可以分为各个独立的应用区域，存放不同的应用数据。每一张电子标签都有一个 32 位的全球唯一的序列号，该序号在生产过程中写入，无法更改。

（6）重复使用

图书标签具有十万次的重复擦写功能，可提高图书馆的工作效率，节约成本。读者借还书成功后，将产生该次操作的记录，由内置的票据打印机输出。

（7）操作方便

系统安装和调试非常简单，后期的使用和运行维护也十分便捷，查找、识别图书档案的速度很快，而且防盗、防损，能够提供高度的安全性。

（三）系统组成

1. 系统结构

RFID 图书馆管理系统由硬件、计算机集成设备、软件组成。通过网络连接或者数据拷贝的方式进行数据交换。终端软件与图书馆管理系统服务中心的连接，应遵守图书馆业内相关协议和计算机网络协议。

2. 系统构成

（1）软件构成

软件包括系统软件和定制研发软件两个部分，系统软件包括数据库管理系统、应用中间软件和文字识别 OCR 软件。

（2）硬件构成

①计算机主机网络设备

系统包括数据库系统和应用系统，本系统需要服务器用于系统运行。

对于在书库内的 RFID 标签数据回传，可利用无线网络和有线网络结合的方式实现。在每层书库布设无线 AP，用于手持设备和智能书车的信号接入，无线 AP 通过有线网络接入核心交换设备，计算机网络通过天花板进行布设。

②安全监控设备

对进入图书馆的人员进行图像监控，系统采用红外半球网络摄像机设备进行安全监控，网络摄像机布设在天花板顶部，通过有线网络回传至中心控制室。

③RFID 相关设备

系统中针对 RFID 标签，有图书 RFID 标签、架标、层标等多种类型，同时，需要标签打印设备。图书 RFID 标签用于存储一本图书的基本 ID，不建议存储书目信息；架标采用无源标签，用于存储一个书架的单面单联信息，同时，实现远距离的信息传输和分区域；层标用于存储一个书架的单面单联的一层信息等。

智能书车、手持设备可以支持读写超高频和有源标签。

通过 RFID 读写器对粘贴在文献和书架上的 RFID 标签、RFID 借书证进行识读，借助后台 RFID 管理系统和图书馆自动化集成系统，实现对文献、书架、工作人员之间的借还、归架、典藏的一体化管理。

（四）系统功能

RFID 图书管理系统包括标签转换系统、自助借还系统（自助借书系统、自助还书系统）、安全检测系统、自动盘点系统、智能查找系统。此外，还包括 Web 发布系统和智能钥匙管理系统。

1. 标签转换系统

标签转换系统是在系统中设立标签转换平台，即建立一个电子标签与图书信息关联的平台，将电子标签的信息传递到计算机软件平台，自动将电子标签、数据库、图书关联到一起。标签转换系统安装时主要涉及 RFID 桌面式读写器的安装，RFID 桌面式读写器通过USB 连接线与电脑连接并将电脑联入网络后，即可通过自带的标签转换软件进行工作。

标签转换系统旨在完成图书电子标签、架标标签及借书证电子标签的转换工作。标签转换系统由标签转换系统硬件和标签转换系统软件两部分组成。

（1）标签转换系统硬件

标签转换系统硬件包括控制主机和标签转换装置。控制主机用于安装标签转换软件系统控制对图书电子标签、借书证电子标签进行数据转换，实现标签信息与条形码等其他信息的绑定。通过绑定能够实现对图书及读者详细信息的访问。

（2）标签转换系统软件

标签转换系统软件采用 B/S 结构，实现对标签的转换。采用 B/S 结构的目的是尽量地降低图书馆管理人员的后期维护工作，任何一台计算机连接上标签转换装置后，都可通过IE 浏览器实现对标签的转换工作。

2. 自助借还系统

在没有采用 RFID 技术以前，有个别图书馆采用条形码和磁条技术实现了图书的自助借还，但由于受条形码和磁条技术的限制，不但一次只能借还一本图书，而且存在一定的漏洞，使得自助借还书的效率大打折扣，并没有给图书馆的工作效率带来实质性的提高。无线射频识别技术很圆满地解决了上述问题。RFID 自助借还系统一次可实现多本图书的自助借还，并且不会出现基于条形码和磁条技术的漏洞，大幅度提高了图书馆人性化服务水平和工作效率。

自助借还系统结合射频识别、计算机、网络、软件及触摸屏控制操作技术，实现对安装有电子标签的图书进行自助借还的功能。该系统组成包括控制主机、液晶触摸显示器、RFID 射频模块、嵌入式打印机、多媒体语音系统，通过安装在控制计算机上的自助借还书软件实现图书自助借还。自助借还书机具有外形美观、系统操作简便、借还书一体（可实现多本图书的同时借还）、识别速度快、借还效率高、设备安装维护方便等特点。

自助借还系统完成图书自助借还，系统界面友好，操作简便；将借书和还书操作融为一体，实现一机多用，降低了用户投入成本；快速借还，一次可同时借、还多本图书；系统配置灵活，可根据用户需求将借还功能单一化，即改造为自助借书机或还书机；采用液晶触摸显示器，简化借还操作。

自助借还系统安装在借书处和还书处，其安装方式和标签转换系统一致，但考虑到美观和工作方便，可以在工作台开口，将 RFID 桌面式读写器嵌入桌面，以方便图书的扫描。

3. 安全检测系统

图书安全检测系统又称 RFID 安全门禁，是针对安装有电子标签的图书进行侦测的系统，对贴在图书上的 RFID 标签进行非接触式监测，当发现图书未经授权离开库房或指定借阅区时会自动报警，并将报警信息上传至管理中心。

安全检测系统硬件组成包括 RFID 射频模块、声光报警模块、安全门外壳。通过安装在控制计算机上的自动侦测软件实现图书侦测防盗。安全检测系统具有识别距离远、识别速度快、声光报警、零误报等特点。

RFID 安全门禁可以安装在图书馆的主入口，用于防盗并可以通过扫描 RFID 读者卡进行来馆读者统计，在各个阅览室、书库的门口也应安装 RFID 安全门禁。考虑到读取效果，RFID 安全门禁安装时两侧的门禁间距应小于 1.4 m，门禁两边需要在地面预留电源和网线地盒，两个门禁之间需要在地面开槽，预埋管径 3~4 cm 的镀锌穿线管，穿线管内需要穿电源线、网线和 USB 线各一根，穿线完成后要将地面恢复并打磨平滑。

4. 自动盘点系统

目前，图书馆对图书进行盘点主要采用条形码技术，在盘点时，必须将每本图书从书架上取下再使用条形码扫描枪对条形码进行扫描，这样盘点的效率是非常低的，适用于少量的图书的盘点，但对于大量图书的盘点则显得捉襟见肘。由于盘点效率低，盘点时还需要闭馆，使得大多数图书馆要实现对图书的全面盘点几乎是不可能的。有了 RFID 技术，盘点的问题迎刃而解。在盘点环节当中，充分显示出了 RFID 技术的强大优势：不接触，快速，多本图书的信息同时读取。

自动盘点系统即 RFID 移动工作站，可对 RFID 标签进行非接触式阅读，快速识别粘贴在图书上的 RFID 标签及粘贴在架位上的 RFID 层标。系统支持书架位置图形化显示，具有上架引导、顺架、盘点、错架图书定位及提示功能。系统天线采用折叠型设计，可方便清点搁置在高处的图书。系统具有无线网络连接功能并自带电池，单次充电连续工作时间不少于4h，工作人员通过触摸屏进行操作。自动盘点系统安装时只需要在待盘点区域设置无线网络即可。

自动盘点系统为用户提供了两种盘点平台，即推车式盘点平台和便携式盘点平台。

推车式盘点平台具有连续工作时间长、操作界面友好、数据处理能力强等优点。推车式盘点平台支持中文 Windows XP 操作系统。

便携式盘点平台重量轻，携带方便。便携式阅读器采用人体工程学设计，使用手感好，重量轻。采用中文 Windows Mobile 操作系统，不但可实现图书的查找功能，而且还可实现图形用户界面的管理功能。便携式阅读器内存容量大，可将在现场读取到的信息保存下来，并提供数据下载功能，方便数据交换。便携式阅读器可预置查找图书信息，当读取到新信息时自动与预置图书信息进行对比，并可进行报警提示。

自动盘点系统不但能够实现对图书的快速盘点，而且能够实现对错架图书的整理，使得盘点和错架图书的整理工作在一个环节得到圆满处理。

5. 智能查找系统

目前，图书馆有许多图书资料在账面上反映是存在的，读者通过检索系统找到了图书信息，但根据此书的类别到书架上取书时，却往往找不到此书，这种情况是由于图书没有按类别摆放造成的。采用 RFID 技术对图书进行管理后，上述问题就能很好地得到解决。

智能查找系统能完成对图书的快速查找。查找图书信息的录入采用两种方式：手工方式和数据下载方式。

手工方式录入是指直接将需要查找的图书信息录入便携式查找终端，一次可录入多本图书的信息。

数据下载方式是指通过无线局域网与业务系统连接，将管理员提前录入的需查找的图书信息下载到手持终端来进行图书的查找。

6. Web 发布系统

Web 发布系统为 B/S 结构，为读者提供快捷、方便的查询方式。读者可根据图书题名、责任者、索书号、主题词等检索条件进行模糊查询与多级查询，不但能够查询到图书的详细信息，而且能够图形化显示、定位图书所在书架的位置。Web 发布系统可作为图书馆网站的一个子链接，为读者提供更为个性化的图书检索查询方式，提高图书馆的人性化服务水平。Web 发布系统只需要在服务器中安装相应的软件和数据库即可运行。

7. 智能钥匙管理系统

智能钥匙管理系统旨在通过射频的方式将 RFID 识别码传输到控制终端，钥匙孔有机械锁定功能，只有被授权的管理人员才能解锁取出，实现了钥匙取/还信息远程控制的功能。同时，智能钥匙管理系统还可查询、追踪钥匙的使用情况。智能钥匙管理系统的安装比较简单，使用四颗膨胀螺丝将钥匙箱固定在墙上即可，钥匙箱下方要有预留的电源插座和网线插口。

第四章 智慧教育资源平台建设

　　智慧教育平台是一种基于现代信息技术，集成教育资源、教学管理和服务，以提升教育质量、促进教育公平为目标的综合性教育平台。智慧教育平台的建设，有助于实现教育资源的优化配置，提高教育教学的效率和效果，培养具有创新能力和终身学习习惯的人才。

第一节 智慧教育资源平台概述

一、教育资源的概念及重要地位

　　教育资源及平台建设是一项基础性工作，是智慧校园得以运行的物质基础和保障。离开教育资源，智慧校园甚至整个教育信息化的发展都将沦为无本之木、无源之水。教育资源及平台建设已被提升至关系教育长期发展的战略地位。

　　随着教育理念、实践及技术的发展，教育资源的基础性地位和作用也日益突出。教育资源的内涵也在不断更新和发展。广义的教育资源是指为教育服务，促进教育发展的一切要素。包括环境资源、人力资源和信息资源。环境资源指构成教育教学系统的各种硬件设备，如计算机设备、网络设备、通信设备等，以及维持教育教学系统正常运行的各类系统软件、应用软件、工具软件、教学软件等。人力资源包括教育教学机构人员、任课教师、教辅人员、行政管理者，以及能通过互联网等现代通信工具联系到的各个领域的专家、学者。信息资源通常指信息技术环境下的信息资源，主要指以文字、图形、图像、声音、动画和视频等形式储存在一定的载体上并可供利用的信息。包括数字视频、多媒体教学软件、教育网站、电子邮件、在线学习管理系统、计算机模拟、在线讨论、数据文件、数据库等。狭义的教育资源一般指教育信息资源。

二、教育信息资源及平台的发展

　　在我国教育信息化发展的进程中，以各个时期资源建设的主要内容和资源库的表现形式作为划分标志，有学者将我国教育信息资源的建设与发展概括为三个典型阶段：早期以教学素材库和学科资源库为主的建设阶段；中期以学科教与学资源网站、研究性学习和专题学习网站为主的建设阶段；再到近几年以网络教学课程、教育视频库和教育教学博客、微博为主的建设阶段。随着教育实践的发展、理念的转变及技术的进步，教育信息资源的建设也在发生着清晰而深刻的转变。第一，资源建设理念开始从"助教资源"转向"助学资源"；第二，资源结构开始从封闭状态转向半封闭半开放状态；第三，资源的生成模式开始从"各自作战，静态生成"转向"合作共建，动态生成"；第四，资源的表现形式开始从"离散型教学素材"转向"结构化的主题式教学资源"；第五，资源的技术模式开始从"演播式"转向"交互式"。

教育资源的存储、共享和应用，离不开资源平台建设。科学合理的教育资源平台的规划与建设，还是缓解优质资源匮乏，优化资源配置，促进教育公平的重要手段。随着云计算、人工智能、内容图像检索（CBIR）等技术的发展，教育资源平台建设的技术模式进入了一个崭新阶段，建设理念也正在发生根本性的转变。资源平台的发展趋势主要体现在：第一，资源平台的建设理念正在从产品层次上升至服务层次，资源平台建设的中心任务正在从技术平台的搭建转向服务体系的构建。第二，平台功能正在从单纯的资源存储与管理转变为融知识获取、存储、共享、应用与创新为一体的知识管理平台。第三，在运作机制上，Web 2.0 时代的以用户为中心的理念正在逐步体现。各种有效的社会化驱动和信息聚合机制正在逐步引入，资源平台的建设和应用绩效也在逐步提升。第四，在技术模式上，正在从传统的数字化向智能化方向转变。

三、智慧教育平台需求分析与发展策略

（一）智慧教育平台需求分析

对现有智慧教育平台的现状分析和问题研究能够发现，一个完善的智慧教育平台需要实现以下几个方面：

第一，智慧学习、教学方面，需要为学生提供多样化的在线学习方式和即时的交互功能，以信息技术开展知识的建构，从而有针对性地实现个性化学习。需要汇聚教育领域优秀的师资力量，建立庞大的网络教学团队，实现教师及时的在线指导和资源共享，让教师成为学生平台学习、平台活动的设计者、组织者和指导者。

第二，智慧管理方面，平台的教学管理需要更有效、更快捷、更方便的技术环境支撑。平台运作的可视化和自动化，实时监控平台的教育教学状况，并实现全面的远程指

导。平台各系统的实时沟通协作，实现无缝的信息交换和业务协同。通过对用户学习、教学的情景感知，向用户推送相应的教学信息、教学资源和平台服务。

第三，智慧科研、评价方面，平台的科研和评价需要依靠大数据技术，从经验为主转变为数据为主，将平台教学过程中的各类数据进行更加多样化、智能化的分析和评价。同时，应用云存储技术将归类整理后的数据永久存储在云端，从而对用户的发展进行定期的评估，提出更具针对性的发展建议。

第四，智慧服务方面，平台需要为学生建立完善的个人学习空间，以学生的需求为准则，提供一体化、智能化、个性化的学习服务支持，满足学生全天候、多形式的在线学习。同时，建立满足教师在线教学、教研和交流的教师空间，让教师实现在线的教学教研、课堂管理、学生查询等多方面的教学服务。

（二）智慧教育平台发展策略

从智慧教育平台的需求分析中可以发现，当前的智慧教育平台在平台建设与发展、智慧教学、智慧学习、智慧管理、智慧科研、智慧评价、智慧服务等方面还存在许多的不足之处。所以，针对智慧教育平台今后的发展需求，应实现以下几个方面：

1. 政府和教育部门对智慧教育平台整体化、具体化的发展主导

智慧教育平台的建设和发展要展现智慧教育的教育理念，实现智慧教育的教育需求。首先，就是国家政府必须对智慧教育平台的建设和发展制定出具体的理论指导、整体性规划、统一的行业建设标准和运作规范，使智慧教育平台在建设、发展、运作的过程当中具有明确的发展方向、发展目标，统一的建设规划、行业标准和合理的平台组织分类及体制保障。其次，保障智慧教育平台的基础设施建设和系统应用开发，推进智慧教育平台的大规模推广和全面的应用，以及健全动态监测与监管机制，从根本上促进和保证智慧教育平台的建设和发展，避免因体制混乱而出现的各类问题。

2. 制订标准化、综合性的智慧教育平台建设及运作方案

综合性智慧教育平台在初期的平台建设当中，就要制订相应的平台内部全面化、标准化建设及运作方案。从教学课程种类的分类和整理，到课程资源的认证和审查；从教师（讲师）的技术能力和资格水平的认证，到学校（教育机构）的实证考察；从教育教学形式的综合（视频播放、在线直播、现实课堂辅助等），到智慧化的教学过程（互动课堂、虚拟实践等）；从多样化的教学交流、讨论方式，到合理化、人性化的平台服务设置；从规范化、简洁化的平台管理机制，到科学化、实证化的科研数据分析和评价等，都必须制定包含范围全面，能够不断引申发展，具备科学理论依据的平台建设和运作标准。

同时，各智慧教育平台与互联网和各智慧教育平台之间的数据链接或资源共享等方面，也要制定统一的行业运作准则。当各类智慧教育平台在平台建设和平台运作中都依照共同制定的行业标准，就能够对互联网范围内所有的教育资源和教育技术实现整合与共享，同时，也让政府教育部门对智慧教育平台的管理更加便捷。互联网内的教育资源是极为丰富的，所以对资源的搜索和共享首先需要有合理化、标准化的网络教育资源互联整合方案，然后再依靠相应的网络技术来实现全球范围内的教育资源显现在各个智慧教育平台的整合与共享。不仅如此，无论是智慧教育平台在内部建设和运作的标准化还是在整体互联网中的各智慧教育平台互联方案和准则，都能够最大限度地将各平台中的教育教学、教育管理和教育评价等方面的教育数据进行挖掘和整理，让数据分析的过程更加高效，更具说服力。

3. 建立服务于用户的智慧教育平台

智慧教育平台要真正融入当前人们的学习生活中，成为各类用户在教育学习过程中的必备工具和首要方式。首先要提升在智慧教育平台学习中各类用户（包括学生、教师、学校等）的信息技术素养，让平台内的各类用户做到无障碍学习和交流；同时，依照各类用户的教育教学需求，平台要制定出完善的在线课程学习体系。

在智慧教育平台的教学环境中，学生（学习者）的学习需求和学习效果是教师（讲师）和学校（教育机构）所关心的重点，更是智慧教育平台推广和发展的中心问题。所以，平台应该建立一套完整的在线智慧教育课程学习体系，从学生（学习者）的课程选择到在线课程体验，从教师（讲师）的课程资源准备到课程的完结考试，从课程智能化水平的提升到用户互动交流方式的多样化，都要有详细的技术和管理指导。智慧教育平台只有以用户的需求为中心，通过用户的体验来不断地补充、改进和更新服务用户的技术和环境，才能实现平台持久的良性发展。

4. 强化智慧教育平台管理体系

智慧教育平台的建设和运作需要全面化、规范化、强制性的平台管理体系。智慧教育平台管理的全面化，首先，平台要针对各类用户的不同需求和不同行为，制定出能够涵盖平台运作各方面的管理制度。其次，智慧教育平台的管理制度要有符合用户的实际体验需要和相关的平台发展规范。最后，平台的管理体系要强制性地实施到平台运作发展的每一个方面。只有强化智慧教育平台的管理体系，才能有效地规范、控制和提升教师（讲师）和学校（教育机构）的平台课程制作和平台教学实践，为学生（学习者）营造出更加安全、更加合理、更加科学化的智慧教育平台学习环境。

5. 健全智慧教育平台评价与分析体系

智慧教育平台的评价体系包含了对学习者课程学习的章节作业、实训练习、课程考试、电子阅卷等这种针对课程学习效果的评价机制。健全智慧教育平台评价体系，是了解学生课程学习情况，了解在线课程的授课情况的最便捷有效的评价形式。同时，全面的平台评价体系也能为智慧教育平台的数据分析提供更加丰富的数据支持。智慧教育平台的大数据来自各个平台环境中的各类数据（例如，学习者的学习效果、学习能力、学习心理，教师的教学过程，交流过程；学校的课程制定，等等）。通过大数据对平台数据的挖掘和搜集，并利用云计算技术进行相关的数据分析，依靠数据分析的结果得出相应的平台发展现状，制订出更完善的平台发展规划来促进平台教学质量的提升。

6. 多种形式的智慧教育平台推广和发展

现阶段，智慧教育平台的建设和运作都还有许多缺陷。而任何的需求分析和发展措施都需要依靠用户的使用和参与来实现预期的效果。所以，要对智慧教育平台做更多、更广泛的平台推广，无论是自上而下的政府推动，还是自下而上的用户发展模式，都要使用并且制订相关的智慧教育平台推广方案，以此增加平台的用户数量和使用范围。

在现今的智慧教育平台发展过程中，与其他互联网技术平台的研发相似，有两种发展路线：分别是加法路线和减法路线。加法路线是指先初步建立，后逐步增加。例如，在智慧教育平台的课程学习方面，开始只有教学视频学习的单一功能。通过教学平台的不断使用和在大数据的分析下对在线学习需求的了解，逐步加入了在线直播教学及在线直播互动等多种功能，以此不断完善平台的教学功能。而减法路线则是类似于谷歌、微软等大型互联网科技公司的智慧教育发展模式，从开始就不计成本地建设智慧教育平台，把当前技术下所有的功能全部加入进来，然后再慢慢通过技术的更新来削减成本，实现逐渐量产的平台建设模式。

总的来说，无论是平台的推广还是平台的建设路线，都是为智慧教育平台能更加全面、更加广泛地服务于社会各类人群，更加快速和科学地推动信息时代智慧教育的不断发展。

第二节　核心问题及平台分析

一、核心问题

（一）资源及资源平台建设面临的主要问题

近年来，国家和地方政府投入了大量人力、物力、财力进行教育信息资源内容建设和平台建设，取得了巨大成效。为缓解我国，特别是部分偏远地区教育信息资源匮乏，提高教育质量与效益，促进教育公平，推进教育现代化进程等起到了至关重要的作用。但从总体来看，资源建设只有量的改变而没有质的突破。教育信息资源特别是基础教育信息资源建设依然面临较大压力，问题重重。我们总结发现，当前我国教育信息资源及平台建设的共性问题主要集中在以下几个方面：

1. 资源规模与质量问题

经过多年持续建设，我国已基本建成覆盖各学段的教育信息资源体系。已形成国家、区域（省市）、校本资源三级资源服务体系。从一定程度上缓解了教育信息资源匮乏的历史问题。相对于日趋成熟的教育信息化硬件基础建设，"有锅无米"的现象依然存在，教育资源的供需矛盾依然突出。与资源规模相比，更为突出的是资源的质量问题。由于缺乏统一的规划和有效的技术模式，导致大规模的低水平重复建设现象依然严重，资源质量难以满足要求，优质资源不足，特色教育资源匮乏。

2. 资源均衡配置问题

近年来，国家和各级地方政府通过多方努力，大力推进城乡教育均衡发展，通过"班班通""校校通""农远工程"等为教育资源共享、资源优化配置奠定了良好的硬件基础。由于历史原因和人为因素，教育资源配置的地区差异仍然显著，教育均衡发展的问题仍然突出。

3. 信息孤岛与资源共享问题

由于在当前教育信息资源建设过程中，缺乏统一规划，各自为政的现象依然存在。资源建设技术与标准不统一，数据异构，资源共享困难，资源整合成本过高。另外，由于缺乏资源共建、共享的长效机制，各资源建设的主体往往忽视或不愿进行资源共享。导致各资源平台各自独立，形成"信息孤岛"，大大降低了资源的使用效益，造成了极大的浪费。

4. 资源建设的标准化问题

在教育信息建设的进程中，不少教育信息化的管理者、研究者，信息化系统及资源的建设者，对标准的认知不足，对遵从标准的重要意义认识不到位。我国教育信息资源及资源平台建设标准基本上套用 LOM 标准和 SCORM 标准，国家制定的几个标准也只是将其做适当修改后加以利用，没有真正意义上的标准。资源建设没有遵从统一标准，给资源的检索、整合、共享和应用都带来极大的困难。

5. 资源结构问题

现有的教育信息资源中，应用比较普遍的还是基于传统概念上的各自独立的、离散的媒体素材，且集中于文本和图像素材。资源结构单一、封闭。独立、离散的文本及图片素材很难承载完整的教学理念和教学设计，对促进教学，特别是教师专业成长及学生的自主学习没有实质意义。当前，我们需要开发基于主题的，整合各类媒体素材、完整承载教学理念与教学设计的，互动性、生成性教育资源，且资源结构应该是开放的，以便于优化、完善与整合。

6. 资源平台的运作机制问题

目前，各级各类资源库的建设机制基本上都是政府主导，联合相关企业进行平台建设。各级教育行政部门负责统筹、管理和维护，并组织一线教师以行政指派、立项建设、资源评比等形式进行资源内容建设。或联合相关企业开发或直接购买。这种模式在初始阶段政府需要较大投入，可在短期内汇集大量教育信息资源。但这种机制是自上而下的，与Web2.0时代的开放、共享，以用户为中心的核心理念是相违背的。由于缺乏长效机制，无法有效吸引用户的广泛参与，资源平台的运营难以长期保持活力。与此同时，知识类网站、社会化网站、电子商务网站等社会化平台异常活跃，对人们的学习、工作和生活方式产生了重要影响。这类社会平台所提供的服务、内容、用户与教育资源平台在很大程度上存在一致性。

7. 资源平台的用户体验问题

首先，现有资源库系统的资源分类不规范。相当一部分的资源库系统仍然按照传统的媒体类型进行分类，虽然部分资源库按照学科年级进行资源分类，但分类粒度过大，再加上资源的元数据不合规范，导致难以进行资源的精确检索；其次，由于资源组织结构松散，难以进行资源汇聚与深度检索，资源检索效率低下；再次，系统缺乏对用户使用风格的学习与分析，难以进行有效的资源及服务推送；最后，缺乏资源订阅、个人信息、界面、服务整合及定制等个性化服务。

8. 注重"库"的建设，忽视"平台"理念的植入

在教育信息化发展的进程中，有很长一段时间，甚至时至今日，资源的匮乏一直是制约教育信息化进程的重要"瓶颈"。提供海量的资源一直是教育信息资源建设所要解决的首要问题。因此，资源"库"的概念已深入人心。"库"的概念强调的是资源的汇集、存储，还停留在技术和产品层次，已无法适应当前的教育需求。而"平台"的理念不再将资源库系统仅仅作为一个资源存储与检索的工具。它将"社区"的理念，"服务"的理念整合进来，更加关注用户体验，更加突出分享协作，更加强调用户的主体性，共同参与系统的建设与完善。从而将资源平台打造成为能自我循环、长效运营的"资源生态系统"。

9. 资源平台与其他教育信息化系统相隔离

教育是一个复杂的系统，各业务间有着紧密联系。由于建设理念滞后于技术的发展，

现有的绝大部分资源平台是独立建设的，在规划和设计之初并没有考虑与其他信息化系统特别是教学系统和备课系统有效整合与对接。这样就会产生两个突出问题。首先是使用不便。用户往往要将相关资源先行下载，再到其他系统（如备课系统）中进行二次编辑、整合，才能应用。其次是系统封闭。由于资源平台独立设计、开发，与其他系统隔离，各系统间缺乏信息流通渠道。一方面，造成了资源难以实时更新，动态生成，对教学过程中动态生成的信息无法及时捕获、入库。另一方面，难以满足课堂教学对资源的实时需求，难以支持动态、灵活、开放的课堂教学。资源平台并没有成为教学过程中的必要元素，其应用效益和生命力将大打折扣。

10. 资源应用效益问题

教育信息资源的根本目的和本质属性是为教育教学服务。由于上述种种原因，这些花费巨大、耗时费力建成的数量庞大、种类繁多的教学资源（库）在实际教学中的应用情况却不太乐观。很大一部分教育管理者、教师对教育信息资源及资源平台的认知和理解还停留在较浅的层次，资源的使用还处于较低水平。大量教育信息资源主要被用作备课素材使用。基于资源的教师专业发展、协同创新，基于资源的学生协作、探究的自主学习等深层次应用还远未形成。

（二）资源平台建设的设计理念与核心需求

1. 设计理念

为缓解资源平台建设的上述问题，提出以下设计理念：

（1）基于知识管理理念构建"社区式"的教育资源平台

知识管理可通俗地解读为，实现信息向知识转化，促进显性知识和隐性知识相互转化，优化知识创新与应用的理论与实践。知识管理涉及知识获取、创造、分享、应用与创新等完整流程。在资源平台的设计中，可引入知识管理理念，在资源平台中整合知识管理工具，构建一个集知识获取、创造、分享、应用与创新于一身的支撑平台，打造教师、学生、家长间交流、协作、分享的学习社区，促进隐性资源的转化与积累。

（2）合理借鉴电子商务网站的相关理念优化教育资源平台的运作

近年来，电子商务网站的成功有目共睹。教育资源平台和电子商务网站一样，同样有商品（资源）的提供者和购买者（下载者），建设资源平台的目的也是和电子商务网站一样，希望以便捷的方式让更多的人来购买（下载）以产生效益（社会效益）。虽然教育资源平台在其本质目的、社会环境、建设模式等方面都与电子商务网站有很大的不同，但电子商务网站中极致的用户体验、商品推荐、信誉等级、评价机制、激励机制、个性化服务等方面均值得我们借鉴。

（3）引入知识类网站、社会化网站的相关机制，强化用户体验

社会化网站（SNS）全称 Social Networking Services，即社会性网络服务，旨在帮助人们建立社会性网络的互联网应用服务。SNS 是以人际关系链为基础构建网站系统的服务体系，Facebook 是其典型代表。知识类网站是以知识链为基础，兼具社会化网站的协同、互动特征，以提供知识、经验、见解等知识性内容为主要服务的互联网应用服务。其代表性产品有国外的 Quora、Aardvark 等，国内的知乎、百度文库等。知识类网站正在改变着用户对知识、资源、信息的获取、存储、管理、共享的习惯和方式。知识类网站与社会性网站在提供的服务、内容、用户等方面与教育资源平台具有高度的一致性。其开放的内容共建模式、高度结构化的知识链条、有效的资源评价及质量保证机制、便捷的知识共享途径、长效的运作管理机制、个性化的资源推介及良好的用户体验，对教育资源平台的构建均具有重要的借鉴意义。

（4）提出"信息"即"资源"的崭新资源观

传统意义上的教育信息资源是静态的、有形的。事实上，很多在教育教学过程中所形成的生成性信息、动态信息，如学生的课堂反映、课堂练习反馈、教师突发的教学灵感、教师在课堂上对教学材料所进行的实时更改、补充、批注等都是宝贵的生成性资源，蕴含了丰富的教育内涵。教育资源平台应提供相应的手段，对此类信息进行捕获、收集。

（5）一体化的解决方案，与其他教育信息化子系统无缝集成

资源平台的规划设计应与其他子系统统筹考虑，统一数据规范，统一技术模式，提供开放的接口标准。从而实现系统的动态扩展，提供各子系统间的数据流通渠道。便于从其他子系统中捕获相关信息资源，实现资源动态扩容。同时，能为各子系统提供资源支撑，方便用户使用，提高资源平台的应用效益。

（6）基于 SOA 构建教育资源平台，实现界面、数据和服务的整合

整个智慧校园系统是基于 SOA 架构体系进行构建，各子系统进行单点登录，实现了用户界面、数据和服务的整合。根据不同的用户角色分类，将各类用户的常用功能在同一页面上集中呈现，简化用户操作流程，并且用户可根据自己的需求对各子系统的功能、服务进行定制。

2. 核心需求

通过广泛的需求调研和深入的文献分析，智慧校园的教育资源平台应着重满足以下几个方面的需求：

（1）提供海量优质教学资源，满足日常教学需求

教育资源特别是优质资源短缺仍然是一个突出的问题。提供海量优质资源仍然是教育资源平台的基本功能。为此，我们与相关企业联合，进行合作开发，并在政府的主导下，联合一线教师进行资源共建。提供包括备课素材、课堂实录、习题库、试题库在内的海量优质教学资源。

（2）与备课系统无缝整合，实现资源智能汇聚，提高资源检索与利用效率

本项目中的教育资源平台与备课系统无缝整合。将备课系统嵌入资源平台，教师可在线启动备课软件，在检索资源的同时，即可完成备课。同时，资源平台将资源细化到知识点，实现了基于知识点的智能资源汇聚，并可进行资源在线编辑，极大地提高了资源的检索与利用效率。

（3）与讲课系统无缝整合，支持动态、灵活、开放的课堂教学

教育资源平台同时实现了与讲课系统的无缝整合。教师在讲课时可通过讲课软件直接进入资源平台，进行资源检索，实时扩展授课内容，调整教学进度，实现了课堂教学的动态化、灵活性和开放性。

（4）实时捕获各类教学信息，实现资源的动态生成、扩容与更新

教师可将在课堂上对教学课件、资源所做的更改实时存入资源库。同时，也可将学生所完成的小组作业、课堂练习、评测结果等过程性信息存入资源平台，实现了资源库的动态扩容和实时更新，也为后续的综合测评、学生学习情况分析提供了数据支持。

（5）实现各类教学信息的分类存储、统计与分析

资源平台为全面收集教学过程信息，汇集成果材料，以档案袋的形式对老师和学生的各类学习过程信息及成果材料，加以分类存储，并能进行统计、汇总、分析，为学生的综合测评，教师的考核、评优、晋升提供数据支持。

（6）支持学生基于资源的协作、探究的自主学习模式

传统的以"助教"为主的、零散的静态素材资源已经很难适应教与学方式的转变。为此，一方面，要提供以"助学"为主的主题式、结构化的学习资源；另一方面，还要在资源平台中整合交流、协作、互动、答疑的工具，支持学生开展基于资源的协作、探究的自主学习，从而有效转变资源应用模式，提高资源的应用效益。

（7）支持教师基于资源的校本研修及教师专业发展

资源平台不能仅仅作为教师的备课素材库，还应该成为教师之间进行教学观摩、经验交流、教学反思的专业成长社区。为此，资源平台一方面要提供大量的视频课例、教学反思、教学设计等"研修"资源；另一方面还要构建促进教师分享、交流、反思的机制；再

一方面是要提供辅助教师进行分享、交流、反思的工具。这样，教育资源的应用才能上升到新的层次，教育资源的价值才能真正得以发挥。反过来，教师交流、反思的结果又会成为新的宝贵教育资源的一部分。

（三）智慧教育的功能性与非功能性分析

1. 功能性分析

（1）系统整体功能

智慧教育云服务平台整体上分为云用户访问端和云服务提供端两个部分。云用户访问端是服务实体被访问的入口，也是数据访问的触发点，不同的平台使用者对服务的需求不同，服务差别也很大，所以云用户访问端为了满足不同使用者的需求，配置不同的访问空间，进入空间访问需求的服务。页面服务化空间可以使平台用户在页面上自由配置部分公共服务，实现服务的可配置性。云服务提供端是有平台云服务管理中心、平台云服务资源库两大体系。云服务管理中心负责平台所有服务的整体治理。

（2）云用户访问端口功能

①学习者空间

学习者空间是针对学习者用户群开发的在线教育教学服务。

个人信息服务提供学习者的个人资料的管理。包含基本个人资料的修改、学习信息的查看，学习信息包括学期课程表信息、学期考试成绩单、科研研究成果展示、毕业课题进度信息等可以下载生成报表的信息。

教育云服务列表是用户通过平台获取服务的入口。对于云服务列表展示的服务是租户，也就是学校作为一个个体通过购买服务窗口购买的学习者服务套餐，以及租户定制的学习服务。通用的学习者功能有在线考试、远程课堂、选课服务、课程疑问、在线作业、课程进度、学习小组、图书馆服务等。

消息服务是邮件消息和通知消息组成。邮件消息包括邮件的查看、发送、删除操作，通知消息包括教师对学习者提出的课程疑问的答疑回复提示消息、开始选课通知消息、作业批复提示消息、提交作业截止时间通知、学校公告信息提示消息等。

生活文化是学习者业余学习生活的补充。通过借用服务可以借用教学资源进行学习研究、借用体育、娱乐设施和场地进行娱乐活动。学习者可以通过查看活动举办列表，线下参加自己喜欢的活动，也可以通过在线上参加活动。交流会用于促进学生教师之间关于知识的交流探讨活动。

页面服务空间是学习者对于自身需求，通过页面服务配置在某一具体服务页面上需要的公共服务。公共服务有评论服务、随笔服务、时间提示服务、打印服务等所有用户都可以通用的服务类。

②教师空间

教师空间的用户包括成人教育学校、培训机构、小中大学校的教师。为了保证教学质量，初次进入教师空间的教师没有教学服务的使用权限，在提交教师资格申请表，通过教师资格申请后，才能开通教师空间所有服务的权限。

教师信息管理通常有教师基本个人信息、工资信息、科研成果信息、学生成绩单信息、学生花名册信息、课程表信息等。

③组织机构空间

组合机构空间是为学校、培训机构、成人学校、教育部门等机构提供的服务空间。机构通过机构信息管理对已经发布的公告、招生信息、机构建设信息进行删除。同时，对机构本身的名称、地址、联系方式、机构性质、证书等信息进行修改，在教育机构云服务窗口对各种信息进行发布和修改。

其中，通过使用教学服务数据分析服务呈现的数据，可以对学生的生活、学习状况得到客观了解，对教师教学的情况整体的掌控，以便学校对各种学校教学计划做全局把控。

④租户空间

租户是组织机构以一个个体形式的呈现。比如，学校作为一个个体使用租户空间可以使用。

初次进入租户空间的个体无法使用空间服务，提交机构资格申请表，通过资格申请后，才能开通租户空间所有服务的权限。

购买管理是根据自身的实际情况通过购买服务选择适合自己的 IT 资源套餐、服务套餐，并选择计费方式进行购买服务。这里的 IT 资源指的是底层云计算资源。这里的服务套餐是不同类型的学习者空间云服务窗口套餐、不同类型的教师空间云服务窗口套餐、不同的组织机构空间云服务窗口套餐。租户信息管理的是租户的购买信息、账户信息。

⑤管理员空间

管理员空间是为教育云服务平台的管理者而开发的用户空间。根据管理空间需要管理的内容较多，管理的类型各不相同，需要有一定的技术要求，所以管理员的管理权限有不同的等级要求。

管理者的权限范围主要有六个领域：用户管理、服务管理、管理员管理、安全管理、IT 资源管理、计费管理。

服务管理包括服务运行时监控、服务资源管理。其中，服务资源管理包括对开发人员发布的服务进行服务审查、删除不可用的或者旧的服务、更新服务列表等。

IT 资源管理需要二次管理员权限，分为身份与访问管理和使用与管理入口两个服务模块。身份与访问管理是对管理员身份和权限的二次确认，租户只有访问 IT 资源的权限。租户通过租户空间的云服务窗口进入 IT 资源管理页面，再通过使用与管理入口进入资源管理服务。资源管理服务包括资源调度服务、资源监控服务、资源数据报表服务、资源日志服务。管理员通过计费管理的计费方式的更改，更改收费策略。

（3）云服务提供端口功能

①云服务管理中心

智慧教育云服务平台的云服务管理中心是通过开发管理员对管理中心进行管理的平台。云服务管理是对服务请求响应调用时的异常监控，通过服务发布中心对开发的服务进行服务发布，通过服务调度中心对异常的服务进行相似服务的替换处理。服务使用日志管理是由日志信息查询、日志信息删除、日志异常监控等模块组成。日志信息查询包括服务调用日志、服务响应日志、服务发布日志。认证与授权是云服务管理中心的重要组成部分，通过统一身份认证，用户授权管理，实现云服务的使用安全性。开发管理员对认证与授权的方法进行修改。

页面更改权限管理是用户对页面服务空间中更改页面配置时，根据用户的权限响应用户需求。学习者、教师的权限范围是更改页面布局下公共服务的显示和隐藏。租户的权限范围是通过定制服务更改具体的服务功能。

②云服务资源库

平台云服务资源库是各种教育教学服务、业务层服务、监管服务等部署在云平台上服务的云聚合。云服务资源库提供给用户所需要的各种各样的服务。开发管理员可以根据用户的需求获取云服务资源库的服务提供给用户使用。

2. 非功能性分析

智慧教育云服务平台对于平台的性能要求主要有易用性、可扩展性、可靠性、可维护性、安全性等方面。

（1）易用性

用户使用软件时是否感觉方便。要求系统容易理解、学习成本低、操作便易，任何用户无论是学习者还是平台管理者通过简单学习就能使用系统。

（2）可扩展性

对平台来说，需要考虑平台的扩展性，在满足现有的功能需求外，可以在不改变系统架构的基础上，不断根据业务需求的变化和增加而满足业务需求。

（3）可靠性

系统能在设定的时间和条件下正常运行其功能并且无错误。对于智慧教育云服务平台来说，平台的可靠性是需要异于平常的重视。从体系结构的角度考虑，要求平台每个层面的运行的子系统之间相互独立，互不影响。

（4）可维护性

修改已经能正常运行功能的实现代码的复杂程度。代码能够适应新环境，满足新需求，需要考虑代码的可读性，易理解性。

（5）安全性

首先，考虑数据的安全性，智慧教育云服务平台存储设备中存储大量的用户数据，有些私密非共享的数据要求在存储、传递过程中保证其安全保密性。其次，平台防御攻击性安全，平台受到攻击，平台就会变得不可用。使用成熟的网络相关检查工具，定时进行系统检查。

二、平台分析

现如今，众多的 IT 企业都不断地同教育部门、教育机构及各大院校进行深入的合作，开发并建设了许多著名的智慧教育平台。从对智慧教育平台的认识中我们能够了解，一个完善的智慧教育平台，要能够有针对性地对平台系统当中智慧教学、智慧学习、智慧管理、智慧科研、智慧评价、智慧服务这些方面做出全面的建设。现阶段，各大智慧教育平台的具体发展情况，我们也从上述几方面进行具体分析。

（一）智慧教育平台的类型

在我国，当前各种类型的在线教育平台类型众多，有 B2B2C 平台型（由 IT 企业建立，联合各个教育机构让教师或讲师入驻，向学习者提供教学直播或录播的平台形式）教育平台，如百度传课、腾讯课堂、淘宝课堂、网易云课堂等；以及 B2C 服务型（由平台自主开发高质量的教育资源来服务用户）教育平台，如酷学习等；也有以 IT 培训为主的教育平台，如 51CTO、麦子学院等；还有以语言学习类为主的教育平台，如 51talk、中欧课堂等；甚至有针对个人兴趣教育的教育平台，如好知网、影享网、艺殿堂等。

总体来说，若以平台的教育教学类型来划分，可分为由政府主导、教育部建设实施的学历型智慧教育平台；由政府主导、教育部规划、高等院校组建的学历型智慧教育平台；由政府主导、教育部监督、各高校参与并委托教育机构筹建的学历型智慧教育平台，由各地区教育部门主导、学校参与、IT 企业建设的基础教育在线学习和辅助教学智慧教育平台；以及各 IT 巨头或互联网公司自行研发建设的以实用技术、资格认证、科普认知为主要方面的专业技术型智慧教育平台。

（二）教育部组建的学历型智慧教育平台——国家开放大学

国家开放大学在原中央广播电视大学和地方广播电视大学的基础上组建，以现代信息技术为依托，面向全体社会成员开展学历继续教育和非学历继续教育的新型大学。国家开放大学通过推进现代信息技术与教育的深度融合，为学习者的终身学习建立系统全面的学习环境。国家开放大学的办学体系由总部、分部、地方学院、学习中心和行业、企业学院共同组成。国家开放大学的学习模式包括通过高清、快速的双向视频系统为学习者提供随时随地的远程学习支持服务的网络自主学习，以及通过遍布全国各地的学习中心，为学习者提供远程学习支持服务与面授辅导相结合的新型学习模式。

1. 教育教学分析

在国家开放大学的门户网站上，参与学历教育的学习者可以通过学习平台进入国家开放大学学习网选择自己需求的专业科目。目前，国家开放大学的学历教育专业包括了法学、工商管理、会计学、金融学、土木工程、汉语言文学、行政管理、学前教育、建筑施工与管理这几方面。同时，针对学院的各个学部（文法教学部、理工教学部、外语教学部、教育教学部、经济管理教学部等）也有专门的学部概况和师资介绍。学习者对各专业有所了解之后，就可以通过招生报名界面进入国家开放大学的阳光招生服务平台，选择专业所在地区和培养层次看到各省的学校名称、教学点，以及相关的网址和联系方式，通过咨询各地的学习中心，进行相应的报名流程。当学生报名成功后，可以进入国家开放大学学习网，输入自己的学号和密码登录到学生空间开始学习。学生在学习空间内可以查看自己的学习课程、学务管理、学习计划、学习活动等方面的内容。在具体的课程学习当中，每个课程都包含了视频课堂、问题库、经典案例、参考资料、课程论坛等多方面的学习内容。例如，在视频课堂部分，有课程每一章节的系统讲授，重点难点指导和考试指导；而在问题库中可以用关键词搜索的形式查看到在课程学习中常遇到的问题；经典案例则是通过模拟案例问题的方式让学生依靠课程学习知识进行解答；参考资料中向学生展示了课程的参考文献、参考论文和参考网站，供学生查阅。此外，在课程学习的期末复习阶段，还有相关的学习辅导，为期末考试做相应的准备。值得注意的是，所有课程都不仅有线学习课程，单向视频活动和讨论，还包含面授学习的安排。

国家开放大学的门户网站还加入了非学历学习的相关资源，其课程内容包含了国开视频公开课、国开网络核心课、国开名师经典课、国开五分钟课程、国内精品课和国外公开课，以及同行业企业教育项目相结合的现代制造行业、教育培训行业、旅游酒店行业、汽车行业、互联网和 IT 行业等多方面的教育培训课程。同时，国家开放大学图书馆还将国内所有的常用数字资源平台综合在一起，让在线学习者通过馆藏资源检索来找到自己所需的学习资源。

从对国家开放大学学习网的分析能够了解到，国家开放大学的学历教育是由原广播电视大学教育系统继承而来，所以在课程教学的各方面都比较完善。在非学历教育的课程资源和学习方面，无论是公开课、精品课或各行业的教育项目，教学资源都十分匮乏，资源数量少；而且网站课程的推广也没有做好，与大众所熟悉的网易公开课等平台相比，课程资源的访问量极低；最后，非学历的在线教育学习方式太过简单，只有视频资源，而电子文档、课程检测、在线交流等相关的辅助教学资源相对欠缺。

2．管理科研分析

在管理科研方面，国家开放大学依靠其各省的分部、行业学院和直属学院从学生、教师、管理员三大方面进行教育教学管理。其管理系统涵盖了网上办公系统（公文管理、档案管理、评优管理、年报年检、高基报表等）、招生管理系统、教务管理系统（中央平台、省级平台）、远程教学平台（中央平台、省级平台、分校平台）、考试系统（形成性测评、考务系统、机考系统）、数字化资源库和远程接待系统等 126 个应用系统。同时，为促进全民的终身学习，还建立了学分银行系统，为每个学习者提供终身学习的档案管理机制，促进终身教育管理体系的形成。

3．评价服务分析

国家开放大学在平台教育评价方面，建立了国家开放大学（中央广播电视大学）网络考试平台，其考试的分类包括形成性测评系统、终结性考试系统、时钟狗征订、考试中心论坛、预约考试系统和学位英语考务管理系统，来为每位学习者提供完善的专业课程评价和结业体系。在平台服务方面，国家开放大学学习网通过在线视频教学（云教室、虚拟课堂、视频点播、远程视频研讨）和个性化的交互功能（协作交流、即时灵活通信）为全体学习者提供支持协作学习、个性化学习，并记录学习过程、推送资源和及时评价，以满足学习者全天候、多形态的在线学习需要。同时，为满足教师的在线教学、教研和社交需求，平台建立了包含教研活动、教研社区、课程团队、教研工具、教学过程、任务提醒、课程管理、学生查询和个人信息动态等功能的教师空间。

（三）教育机构筹建的学历型智慧教育平台分析

1. 奥鹏教育

奥鹏教育是在 2005 年由教育部批准，由中央广播电视大学和电大在线远程教育技术有限公司共同组建的国家级现代远程教育公共服务平台。奥鹏教育以互联网为依托，通过先进的信息技术支持，以灵活、方便、个性化的技术手段，为不同年龄、不同职业的人们提供智能化学习机会和全天候"一站式"学习支持服务。至今，奥鹏教育已经从最基本的为学员提供学历教育的学习平台，发展到包含学历教育、职业教育、认证培训等多种教育形式的智能化在线教育服务平台。

（1）教育教学分析

奥鹏教育平台的教育教学包括了从学生报名到毕业考试的所有教学过程。在专业选择方面，学生按照自身的所在城市分类，专业分类（计算机类、财经类、管理类、法律类、医学类、师范语言类等）和其下属的具体专业目标（计算机科学与技术、经济学、市场营销、法学、护理学、教育管理等），院校选择和学历层次选择（高起专、高起本、专升本）来筛选所要学习的专业，同时，还可以根据平台提示看到当前可以报名的院校和专业。学生在选择好要学习的专业后，就可看到所选专业的学习期限、基本要求、报名办法、报名流程、报考费用、学习流程、学习费用、毕业要求等各方面的信息。对整个专业学习有所了解后，学生就可按提示填写自己的相关信息进行报名，等待学校的审核通知。在审核通过后，学生通过平台得到通知并熟悉学校的入学说明，同时准备入学测试。入学测试由学校自主出题，而测试的地点则由奥鹏教育的线下学习中心进行准备。当测试通过后，平台会通知学生进行本专业公共课程、必修课、选修课的选课。学生选课结束后就可按照学校制订的教学计划和教学进程开始自己的在线学习，在线学习的教学内容包括了教材自学、课件学习、网上导学、课程作业、模拟试题自测、学习中心导学辅导、集中考试、毕业论文等方面，其中教材自学的方式是以教师的教学视频学习为主。最后，学生在课程学习结束后经过课程考试和统考考试等相关测试，来获得由国家认证、学校颁发的学历资格证书。

从奥鹏教育平台所包含的教育教学内容来看，无论是课程的学习过程，还是专业的教学进度，都与实际的院校教育相差无几。但是在专业课程的学习方面，由于奥鹏教育平台只是为各类合作院校提供在线学习的网络环境和为教育过程中的各项学习服务做应用支撑，所以在课程资源方面，学习资源的种类单一问题依旧存在，电子课件加教学视频的授课形式依然是平台教学的主流方式，智慧教育平台所需求的多样化教育教学形式还没能在平台教学当中真正地实现。

（2）管理科研分析

在教学管理方面，奥鹏教育平台通过"奥鹏远程教学管理系统"实现学生、教师、学习中心各项管理工作。在学生管理方面，学生通过管理系统进入属于自己的个性化学习平台，可以查询或提交各类学籍管理信息，获取自己所需的学习资源，还能够与老师、同学进行交流讨论；在教师管理方面，教师进入管理系统后，能够进行学生信息的查询，课程资源的发布和维护，学生作业、测试的布置，以及学院通知的接收和查询；在学习中心管理方面，学习中心通过管理系统可对学生的报名信息、选课信息、教材信息、费用信息等进行管理和查询。同时，通过对平台中的各类平台使用和平台管理信息进行整理和分析，从而了解当前在线学习人员的主流需求和优质课程资源的种类等信息，为奥鹏教育平台的用户扩展和平台教育服务发展做保障。

（3）评价服务分析

奥鹏教育的平台发展宗旨是为远程在线教育服务，让有学习需求和学历需求的学习者获得国家认证的学历证书。所以，对线上平台课程学习的总结、测试、模拟、考试等认证机制都非常的全面。同时，针对在线教育的最终考试认证环节，奥鹏教育平台在各地市建立了学习中心服务机构，为学生入学测试和认证考试的举办和监管做保障。

在奥鹏教育平台的服务方面，平台针对学生实施了全天候的远程接待服务，学习支持服务和助学服务；针对学生与教师和学生之间的交流提供了论坛讨论留言服务。因为平台的课程都以教师自制的视频资源为主，所以奥鹏教育平台没有能够实现课程学习内各方的实时互动交流。另外，在平台专业学习的费用管理服务方面，监管较为松散。平台规定学生的学费以学分来计算，但是在实际的学习过程中，却出现了另外加钱的事件，极坏地影响了奥鹏教育平台的信誉。

2. 弘成教育

弘成教育的经营范围包括网络高等教育、成教信息化、继续教育行业管理等领域。弘成教育的在线的教育服务涵盖网络学历教育、信息化继续教育、高校 MOOC、企业大学和国家级公共教育服务体系，其在线的教育技术包含了教学教务管理系统、移动学习平台、在线学习平台（LMS）、在线资源库系统、在线测试系统和数据分析系统等。这里以其网络学历教育平台"弘成教育学习中心"的分析研究为主要方向。

（1）教育教学分析

弘成教育学习中心平台的教育教学专业和课程与奥鹏教育相似，同样以专业/课程为分类，包括土建（土木工程、工程管理等）、机械制造（机电一体化技术、机械电子工程）、管理（行政管理、工商管理等）、法律（法学、法律事务等）、师范语言（商务英语、教育学等）、心理学、计算机（计算机科学与技术、网络工程、软件工程等）、通信（通信工程、电子信息工程等）、医学（护理学、药学）等多个方面的专业课程。同时，在全国的各大主要城市，弘成教育学习中心也发展了线下的教育学习中心，为在线教育做服务支持。学习者在选择专业课程后，就能看到当前有哪些大学开放了此专业的远程在线学习信息，信息包含了学校名称、学历、毕业学分和修学年限等。学习者通过在线报名的方式向所学专业的院校提交申请，经历线下学习中心的入学测试，就能在两周内查看自己是否被学校录取。录取之后，学生就可在教材自学和多媒体课件（光盘或网络版）自学的基础上，通过互联网进行网上答疑、讨论、做作业、课程辅导等，最后参加在当地学习中心集中进行的课程考试。当学生按教学计划完成学业学分、毕业论文成绩合格（对于高起本和专升本的学生，还必须通过全国公共基础课的统一考试），即可申请毕业证书。

（2）管理科研分析

弘成教育学习中心平台的管理科研依靠教学管理系统和教务管理系统两方面实现。教学管理系统围绕课程、教学单元、知识点进行课程设计，支持多种教学活动、多套考核标准设置，实现资源管理、课程管理和分配、学习评估、学习结果跟踪等多种教学管理功能。教务管理系统集教学计划、教务管理、统计分析、学生管理、教师管理、考核与评价管理等各项教务管理功能于一身，为教育机构的教务管理工作提供"一站式"支持服务。

总的来说，相较于奥鹏教育平台，弘成教育学习中心平台的网络教育管理，从用户的登录认证和在线课程学习到毕业测试阶段都管理得过于松散，而更多的是依靠线下的学习中心对远程教育平台实施控制和监管。这样虽然提高了用户的认证保障，但费时费力，浪费在线平台的各项应用资源，与智慧教育平台的要求也相差甚远。同时，管理的松散也使科研的数据基础不够充分，只能对浅层的教育学习资源推送做一定的分析，而更多更具研究价值的研究数据则相对缺乏。

（3）评价服务分析

针对学历教育的在线教育平台都十分重视教学评价和服务机制，弘成教育学习中心平台也不例外。在课程教学当中，形成性评价、阶段测试和课程考试都十分全面且相当严格，学习者从入学测试到专业统考都需要在本地的学习中心严格进行。而在教学服务方面，平台的课件定制服务为学习者制定了从课程咨询到课程结束的一系列课程资源，完善在线的课程体系。同时，平台系统实施及培训咨询服务全面地为用户熟悉平台做技术支持，并依靠软件运行维护及更新服务，确保用户的正常使用。

（四）专业技术型智慧教育平台分析

1. 网易教育平台

在网易教育平台中，网易公开课是由网易公司在 2010 年推出的一个开放式的在线学习平台。据官方介绍，网易公开课平台已拥有超过 4 万个线上教育视频资源，其中包含 2 万个网易自费翻译视频，其平台内的移动用户数已经超过了 4300 万；网易云课堂是网易公司旗下领先的实用技能学习平台；中国大学 MOOC 是由网易云课堂与高教社"爱课程网"合作推出的中文 MOOC 学习平台。

（1）教育教学分析

网易公开课可以利用各类智能终端设备（智能手机、平板电脑、PC 电脑等）实现学习者对平台的需求访问。其课程的来源涵盖了 TED（technology，entertainment，design）大会、国际名校公开课（课程来源：耶鲁大学、牛津大学、斯坦福大学、麻省理工学院等）、中国大学视频公开课（课程来源：武汉大学、中国人民大学、北京航空航天大学、北京大学、复旦大学、浙江大学等）、赏课（课程来源：History 历史频道、BBC 英国广播公司）、公开课策划（由网站将当前大众的关注点做编辑和视频整理的教学视频集合）、可汗学院（Khan Academy）、态度公开课（汇聚当今知名人士科学、经济、政治等方面演讲解说的教学视频集合）。在学习内容方面，网易公开课的教学资源包括文学、数学、哲学、语言、社会、历史、商业、传媒、医学/健康、美术/建筑、工程/技术、法律/政治、教育/学习等多方面的教育学习资源。与网易公开课资源的全面性不同，网易云课堂以技能学习为主。其课程包括编程开发、办公软件学习、设计和产品方案、生活方式（摄影、乐器、烹饪、健身等）、职业发展以及市场营销。中国大学 MOOC 的课程资源都来自北京大学、南京大学、浙江大学、复旦大学等全国知名的大学校园。同时，课程所涵盖的范围还包括工学、理学、生命科学、哲学、法学、教育学、外语和文学历史等多个方面。

在中国大学 MOOC 中，对于学习者的在线教学和课程进程等方面已经相当细致。以具体课程学习为例，当学习者登录到平台后，根据自己的学习需求和平台的智能推荐选择并开始课程。首先，在课程的第一部分的新学员必读中，可以让学习者了解在平台使用中会出现的疑问和解决办法。其次，在第二部分公告中，学习者能够看到课程的简单介绍、目标定位、教学设计、作业的安排、成绩的测定和学习注意事项，以及课程交流的 QQ 群或微信群加入方式等。再次，是课程的教学计划和评分标准部分，介绍在线课程的教学日程和节奏，以及在课程学习中的评分标准；接着就是课程的课件学习部分，在课件当中的每一章节都有相应的视频资料和电子文档（可在线阅读或下载阅读），并在阶段性学习过程结束后有相应的测验题来验证此部分的学习情况，在章节的最后讨论区内，学习者可以通过发帖的方式分享自己的学习心得。最后，是课程的测验与作业、考试两部分。在测验与作业中，通过课程的阶段性学习进程和接下来的学习需要，由教师制定和批改作业，学生完成并提交作业，在平台上公布作业成绩，在课程结束后。会有相应的在线考试，考试结束后将平时的课程评分、作业评分、考试成绩相加，就得到学习者的课程总成绩，通过教师和学校的认定，学习者可以得到电子版的课程学业认证书。

网易云课堂补充了网易公开课在实用技术教学方面的缺失，但教学资源并非免费且收费标准不一，影响了其用户数量的发展。中国大学 MOOC 的出现整合了当前著名大学的优质教育资源，虽然 MOOC 在教学方面已经相当全面，但由于其教学课程计划和制作相当耗费大学老师和平台课程制作者的时间，所以中国大学 MOOC 的教学课程资源较少；并且 MOOC 课程在开放教学过程中需要教师和助理对学习者持续关注，所以 MOOC 课程一般都有时间方面的限制，这也就进一步限制了 MOOC 课程在平台教学中的使用效度。

（2）管理科研分析

在平台管理方面，网易公开课和网易云课堂都属于相对开放的网络视频课程平台，在平台的教育管理和教育科研方面也并没有过多的设置，因此，在这两个平台主要的还是不断增加视频课程的数量和涵盖范围。中国大学 MOOC 作为以云计算为基础面向大学校园提供在线学习的一个专业化平台，其在平台科研管理方面做了相当细致的规划。

在中国大学 MOOC 平台中，其"学·问"分布中，推出了学习分享、课程推荐、优质回答、问题库、学士体系等方面的贴吧和论坛，让更多的学习者了解到不同领域、不同学科的知识信息，同时，从"学·问"中显现出的学习者对不同学科的关注程度，也让平台的教育管理和教育科研有了明确的方向。不仅如此，学校云还可以让每所学校建立起自己的在线教育平台，并且在云平台中可以将教务处、老师和学生紧密地联系在一起，保证线上线下的无缝式连接。同时，通过大数据的支持，从用户在平台注册和登录时，到用户在平台课程的选择、学习、练习、笔记和互动交流，任何的个体线上学习行为都会整理成数据进行相关的数据统计和分析，分析研究出的数据作为在线课程教学和平台发展的实证数据，更好地指导和管理中国大学 MOOC 平台。

（3）评价服务分析

虽然网易公开课的课程资源非常丰富，但由于其课程来源的自由度极高，所以，网易公开课还没实现在课程学习过程中对学习者进行具体的个性化服务，不能针对学习者的学习需求来安排相应的学科学习。同时，在对学习者的学习进程和课程的了解程度没有相关的评定，如课堂练习、课程检测等。此外，网易公开课的互动交流平台单一，以发帖的形式开展交流活动，没有展现出智慧教育平台应有的可以让众多学习者同时同步异地进行互动交流的需求。

网易云课堂的学习方式和网易公开课类似，但在课程的学习进程上已经有了一定程度的数据保留，使学习者登录到平台的学习页面就能查看到当前自己的学习进度，同时，针对每门课程都有相应讲师的介绍，在有的课程当中，讲师还能够解答学习者在讨论区里提出问题的留言。虽然云课堂相较于公开课在平台的整体设计和管理上有所提升，但在网络课程教学资源方面依旧单调和有限；没有针对学习者的个性化学习进行相关的指导，学习者只能有什么课程学什么课程；讲师和学生、学生和学生之间的互动交流方式还是没有及时性。中国大学 MOOC 的智慧评价和服务体系已经相当完善，从课程的测验、作业、考试，到课程资源的推送，在线的平台交流和服务方面都有相关的技术支撑。但是，智慧评价内容和测验方式的增多并没有解决 MOOC 学习当中的诚信度问题，替学或替考还是会出现，从而导致课程的学业认证没有含金量，影响学习者的学习兴趣。同时，课程的推送和互动交流过于一般化，难以具体地跟踪到学习者的学习兴趣和动力，导致退课率依旧居高不下，阻碍教育平台的发展。

2. 百度传课

百度教育是百度公司旗下的互联网在线教育资源平台。平台利用了先进的人工智能技术，大数据技术和教育云技术，为用户实现个性化的学习方案及资源，也为教育企业提供专业的商务解决方案。百度教育的核心产品包括百度文库（文档类资料汇总）、百度阅读（在线电子书籍）、百度大脑（学术、文献资源检索）、百度优课（教师教学资源）、百度题库（智能备考服务）和百度传课（智慧教育教学平台）。

（1）教育教学分析

百度传课的用户可以通过 PC、iPhone、iPad、Android 四大智能终端系统下载平台客户端登录平台系统。在课程内容方面，百度传课针对各类实用技能的学习，课程涵盖了IT/互联网/计算机、职场/求职/办公技能、语言学习、市场营销/金融管理、医疗/保健等方面。针对文化兴趣的学习，课程涵盖了生活技巧（美食/化妆/礼仪等）、文化艺术（国学/美术/音乐等）、兴趣爱好（摄影/旅游/象棋等），以及各类名校、TED 等教育机构的学术性公开课。针对各类认证和人才招聘、选拔类考试，课程涵盖了资格考试，例如，财会考试（会计证、会计职称、会计资格等）、建造考试（室内设计师、一级建造师等）、金融考试（银行从业资格、经济师、精算师等）、医药考试（执业药师、执业医师、护士资格）、职业资格（司法考试、教师资格证等），以及 IT 类考试（软件水平考试、计算机资格等级考试等）等各方面的资格教学课程资源；公务员/学历考试包括国考、省考、学历考试等方面的教学课程资源；大学生考试包括考研、四六级考试等方面的教学课程资源；出国留学包括雅思、托福、留学技巧、留学指导等方面的教学课程资源。

在教育教学方面，首先，百度传课的学习方式依旧为单一的教学视频和电子文档，没有出现类似于课堂实验，模拟操作等方面的学习内容。其次，百度传课学课程来源和课程内容不再局限于学校、教育机构的讲师和教授，任何人都可以在平台上发布自己制作的某一研究方向的教学资源，这样虽然扩大了知识的覆盖范围，但造成了教学资源档次的参差不齐，例如，课程视频资源清晰度低、表现差，课程讲述内容差，让学习者无所适从或没学到知识，等等。再次，由于教学资源档次的差距也使用户在学习过程中缺少一些在线学习课程应有的练习、测验等方面的内容。最后，付费与免费的课程都混杂于一起，影响学习者对学习资源的选择和使用。

（2）管理科研分析

百度传课在平台的管理科研方面，从"我的课程""我是校长""我是老师"这三个方面，对平台内所有的用户根据不同的目的需求进行分类管理。学习者在注册平台账户时就自动加入"我的课程"分类当中，实现在线课程的搜索、学习等；教学资源的发布者则分配到"我是老师"的平台分类当中，制作和发布在线教学资源；"我是校长"的平台分类则是针对各学校、教育机构、网络公司甚至一个教学领域内多位教师的组合。从而形成了"我是校长"管理和整理"我是教师"的各类教学资源，让学习者在"我的课程"中进行学习。同时，依靠百度强大的数据搜集和整理能力，对学习者对在线课程的选择和评价等行为数据的分析和研究，向平台中更多的学习推送此类精品课程的学习，让百度传课的运作和使用更加便捷和简洁。

（3）评价服务分析

在百度传课平台的评价与服务方面，在针对学习者的"我的课程"页面中，有我的课程、我的作业、我的测验、学习资料、我的笔记、我的问答、我的订单和我的信用等方面的面对在线课程学习的评价和服务类项目，学习的课程也分为在线直播和视频资料两大类。在针对教学资源发布方的"我是老师"页面中，平台为其提供了课程教学的直播和录像，在线教学的互动白板、屏幕共享，课后的测验评价及个人家教市场等方面的服务功能。在针对学校、教育机构及网络公司等管理者的"我是校长"页面中，平台为其提供了多样的授课工具，成熟的营销支持和完备的拓展管理等服务功能。

虽然百度传课平台的评价及服务包含得十分全面，但是学习者在具体的学习过程中，由于教育教学水平、教学资源的来源等多方面的问题，许多课程在学习的过程中并没有学习测验、课程评价等方面的服务内容，更难以实现针对学习者而进行的个性化在线教学。

同时，在课程的互动交流方面，还是发帖、发评论这类简单老式的方式，并没有更便捷更同步的互动交流方式；在课程直播时虽然可以与老师进行互动交流，但却有极为苛刻的时间、人数和付款款项等方面的限制。这对学习者的在线学习就会产生极为消极的影响。

3. 腾讯课堂

腾讯教育包括腾讯公司旗下多个在线教育课程和资源平台。腾讯教育以腾讯QQ的网络功能和资源为基础，通过各类教育网站、平台的设立和搭建，将国内外优秀的教育资源汇集到一起，服务不同阶段的广大有学习需求的用户。腾讯教育的核心产品包括腾讯课堂（O2O在线教育）、腾讯大学（含微信学院、互联网学院、开发平台学院、电商学院）、腾讯精品课（网络公开课和网络在线精品课程）、QQ智慧校园（通过将QQ公众号体系、QQ钱包等多种产品的应用支持，联结校园的行政、教学、校园生活的建设体系）。

（1）教育教学分析

腾讯课堂与网易公开课、百度传课的平台登录方式相同，不仅有面向各类智能终端设备的客户端系统，同时，也能直接登录网站进行学习。腾讯课堂依靠QQ通信平台和手机微信平台上丰富的客户资源，扩展了用户登录平台的方式。在教学课程内容方面，腾讯课堂与百度传课相似，课程包含了IT·互联网（互联网营销、编程语言、前端开发、移动开发、网络与运行维护、软件开发及云计算大数据等）、设计·创作（平面设计、UI设计、绘画创作、影视后期设计及服装设计等）、语言·留学（实用英语、出国留学、国内考试、日语、韩语及小语种等）、职业·考证（公考求职、法学院、财会金融、医疗卫生、建造工程、职业技能等）、升学·考研（小学、初中、高中、大学及考研等）、兴趣·生活（投资理财、音乐乐器、文艺修养、母婴亲子及生活百科等）等方面。

腾讯课堂在教学方面凭借QQ通信平台的优势，主要以在线即时互动教学为主；并利用QQ通信平台先进的音视频能力，提供流畅、高音质的课程直播；同时，也支持PPT演示、屏幕分享等多样化的授课模式，还为教师提供白板、提问等能力。虽然腾讯课堂在教学资源、教学环境和互动平台上都有很好的体验，但是整体课程资源在免费与收费，在线直播与录播等推送方式方面没有较好的整理和分类；同时，大多数课程只有教学视频，少部分也附带文档资料，但没有针对课程章节和课程整体的任务或测验布置，这使课程学习在教学过程中有很大欠缺，并且对平台的管理科研和评价服务都有极大的影响。

（2）管理科研分析

腾讯课堂在平台管理方面以个人中心为个人主界面。在个人中心里，用户能够看到自己的课程表，包括课程进度、开课预告、当天上课时长等；全部订单，即用户所选的所有课程展示；以及收藏、我的余额、学团和用户联系方式等。同时，在个人中心的"我要讲课"部分，分为教育机构开课和个人老师开课，通过填写个人信息、身份资格的认证、教学成果的展示等方面的信息认证，教师或教育机构就可以在平台上发布课程获得利益。而在科研方面，腾讯课堂以"精选合辑"和"学团"两方面展示其对课程和用户需求的研究。在"精选合辑"中，平台根据课程的面向方向和使用人群，将同一类课程做成一类合集，并以简短的标签将其链接在一起。"学团"则是根据用户的不同需求，将需求相同的用户会集到一起共同交流的兴趣部落。

（3）评价服务分析

腾讯课堂平台中的课程是缺少课程过程练习、课程章节测验和课程学习评定等各类评价环节的，这是平台的一大短板。在关于平台推送及互动交流服务方面，腾讯课堂确有其独到之处。在腾讯课堂平台中，腾讯 QQ 用户和微信用户都可以方便地登录到平台当中，通过首次登录时平台需求趋向问题的回答，为用户选择相适应的课程教学资源。当用户选择课程时，有免费课程和收费课程两类，免费课程可以直接加入学习；而对于收费课程，用户可以通过平台所提供的课程教师的 QQ、微信链接，直接打开后，会弹出 QQ、微信的对话框，通过交流让用户对课程有一定认识后，再决定是否缴费学习。在腾讯课堂的学习方式里，录播即视频课程的整理。而直播则是腾讯课堂所独有的在线学习方式。在直播课程学习中，首先加入课程学习，系统会记录用户的 QQ 或微信信息；在课程即将开始时会通过 QQ 或微信向用户推送课程即将开始的提示框；当用户进入平台后，在线课程会自动以视频框加对话框页面形式的直播平台弹出，教师可以将自己的电脑、电子白板等映射到直播平台中开始讲课，而学习者也可以在课程讲授过程中向教师提问和询问，教师根据所看到的提问来进行相应的解答。同时，教师还会推送自己的 QQ 或微信群让学习者加入，从而来实现学习者与教师或学习者相互之间的及时相互交流。

第三节　系统构建及应用分析

一、系统构建

（一）内容模块

内容模块根据教学及智慧校园各子系统的资源存储需求进行设计，包括动态资源和静态资源两部分。静态资源指有计划地进行设计、开发而形成的信息资源，主要是通过整合示范学校现有资源、实现资源跨校共享，并进行后续开发。向区域内的各级学校提供优质、海量的公共教育教学资源及文化资源。动态资源是相对于静态资源而言的，是指在教学过程中实时生成的信息资源，这类资源的过程性特征明显，包括答疑库和电子档案袋两个模块。

1. 备课资源

备课资源库存储海量资源支持教师备课，为智能教学系统的"智能备课"及"互动课堂"系统提供资源支撑。"智能备课"系统的备课软件可直接调用备课资源库的相关资源，快速生成个性化的教案及课件。同时，平台将为老师提供个人存储空间，教师能将生成的教案及课件及时存储，供课堂教学实时调用及其他老师观摩共享。

（1）素材库

按学科知识点组织的海量备课素材，包括文本、图片、音频、动画、视频等。

（2）课件库

按学科知识体系组织的教学课件，供老师备课参考，老师利用"智能备课系统"制作完成的课件也存储在此，可随时调用或共享给他人。

（3）案例库

由各种媒体元素组合表现的有现实指导意义和教学意义的代表性事件或现象。如教案、典型的教学模式、教学设计等。

（4）文献库

有关教育方面的政策、法规、条例和规章制度，各科课程标准、教学大纲，重大事件的记录，等等。

（5）工具库

常用的媒体素材处理软件、课件制作工具及其他好用、易用的小工具小软件，可以辅助教师更为高效、灵活地完成各类教学应用。

（6）模板库

提供经典课件模板、PPT设计图库，辅助教师高效完成课件制作。

2. 同步课堂

向"互动课堂系统"提供数据接口，借助自动录播系统及相关应用软件系统，自动捕获、同步存储课堂教学实况数据，同时，提供重点及拓展知识讲解视频、参考资料，为移动学习提供资源支撑，全面支持学生课后的自主学习。系统还将对学生的自主学习情况进行记录（如学习的内容、时间等），形成报表，并通过相关数据接口，向"家校通"系统推送，最终将相关的学习信息转发至家长的移动终端，让家长全面地了解孩子的学习状况。

3. 作业库

按学科、年级存储各类作业题目，包括必须完成的课堂作业、可选择完成的拓展巩固作业和针对部分学有余力的学生的强化提高作业。作业库向"智能教学系统"和"移动学习系统"提供数据接口，老师可自主添加、发布、批阅作业，学生可通过移动学习终端查看、完成、提交作业。

4. 试题库

按学科、年级存储各类试卷、典型试题。试卷包括同步测试、单元测试和综合测试。其中，综合测试涵盖了各级各类学校的期末试题、各级升学考试的历年真题及模拟题。教师用户可自主添加、调用试题，用于备课和课堂测试，学生也可通过移动学习终端访问题库，进行自主测试。同时，借助"智慧校园"其他子系统的相关应用软件，还可实现智能组卷、在线测试、系统阅卷等功能。

5. 电子教材库

电子教材是为适应教育信息化进程，对传统纸质教材进行数字化和多媒体化，形成适宜在个人电脑、电子书包、智能手机、PDA 等终端设备进行阅读和学习的数字化教材。电子教材库按照年级、学科存储各类电子教材，教师可以利用电子教材进行高效的备课、授课。学生可通过电子书包阅读电子教材，跟随教师授课进度进行课堂学习，或借助其他终端设备开展课后自主学习，并可轻松记录电子笔记。

6. 智慧校园文化

向智慧校园文化系统提供数据接口，为智慧校园文化系统提供数据存储及资源支撑。其中汇聚了大量的名师讲座视频、教育博客、微博，众多优秀学生的经验介绍、创意活动展示及校园文化的数字化展播等。

7. 答疑库

答疑库向智能教学系统的辅导答疑模块提供数据接口。存储学生通过辅导答疑系统所提出的各类问题以及教师、同学对相关问题的解答。

8. 电子档案袋

教师档案袋收集包括教师的工作计划、专业发展规划、教学反思、业绩成果等信息，辅助教师进行专业成长和个人业绩管理。学生档案袋全面收集学生的考勤信息、作业信

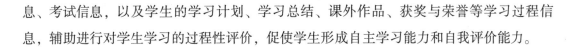

息、考试信息，以及学生的学习计划、学习总结、课外作品、获奖与荣誉等学习过程信息，辅助进行对学生学习的过程性评价，促使学生形成自主学习能力和自我评价能力。

（二）功能设计

1．媒体素材库

（1）资源分类

以学科、年级为主要分类依据，形成多级目录与树形结构，资源粒度细化到知识点。

分类可根据实际需求定义各级属性，一级分类为学科，二级为年级。下级分类，分类管理用户可根据需求添加对应的知识点层。

（2）资源上传

管理员用户或教师用户将本地资源上传分享。支持多种文件格式，能跟踪资源的上传进度，支持异步上传。在上传过程中，上传者须输入资源属性等必填信息，包括资源名称；通过分类选择器快速定位资源所属的教育分类；确定资源用途和资源介绍、关键字等属性。

（3）管理资源

后台统一管理所有上传的资源，根据资源属性信息快速定位到资源并进行管理操作，通过列表展示资源的主要信息。

①管理员可根据实际审核需求，控制是否开启审核机制；

②从资源分类、关键字等信息快速查找定位到资源；

③批量管理功能，提高审核效率；

④列表展示资源的主要信息，方便审核查看。

（4）收藏资源

平台用户查看资源的过程中可选择收藏资源，以备以后学习工作中使用。

（5）资源检索查找

资源检索查找功能实现快速、精准定位，使用户能最快地找到需要的资源，排除非相关资源的影响，并且具备资源汇聚功能。

根据资源上传属性定义，资源检索应从资源上传时所定义的属性，多维度地提供检索可选项。

查找项包括资源目录分类、资源用途、资源格式、资源名称和关键字文本。

①通过目录分类，快速精确定位到科目、课程章节等教学粒度。

②多种资源用途：备课资源、试题库、智慧文化和课件等。

③多种媒体格式筛选：图片、PPT 文档、视频和动画 Flash 等。

④支持关键字的模糊查找。

⑤资源检索结果，列表汇聚符合查找条件的所有资源，显示资源关键信息。

（6）资源预览

系统提供用户下载资源前的预览；用户搜索到资源后可进入查看资源的详细内容；针对不同媒体格式的资源文件，系统自动提供不同的预览模式，包括图片类、文档类、动画库类和视频类。

通过资源预览功能，用户无须先下载再查看资源，可直接在线查看，确定是否符合教学需求再进行下载。

资源预览功能提供用户直接在线播放视频或演示动画、PPT，无须重复下载；直接通过网络，实现教学过程中对教学资源的直接调用。

2. 在线习题

（1）习题库维护

普通习题组成因素为题型、题干和答案，资源平台习题库在此基础上增加了分类、知识点内容、习题难易度和答题解析，提高了查找习题和出题的效率，更好地帮助学生答题复习。

（2）习题检索

习题检索查找功能实现快速、精准定位习题。

根据添加习题的属性定义，习题检索应从习题上传时所定义的属性，多维度地提供检索可选项。

查找项包括目录分类、难度、类型和知识点内容。

①通过目录分类，快速精确定位到科目、课程章节等教学粒度。

②习题难度：容易、一般、比较难和很难。

③习题题型：判断题、单选题、多选题、填空题和问答题。

④支持习题相关知识点内容的模糊查找。

习题检索结果列表汇聚符合查找条件的所有习题，显示习题关键信息。

（3）智能组卷

教师用户可在线从习题库中检索习题，组合作业或试卷。组合过程高效、方便和快速。教师只需筛选习题，加入出题箱，输入必要的信息，编排习题顺序即可快速布置作业或发布考试。

①临时出题箱：教师通过习题检索，查看习题详细内容，确定加入出题内容；整个操

作过程应有连贯性，提高出题效率。

②教师查找完习题，统一在出题箱中进行布置操作；出题箱列出教师检索加入的所有习题的详细信息，包括题型、题干和答案等；教师可去除习题或对习题进行重新排序；教师可修改习题分数，系统自动算得总分。

（4）在线测试

教师用户出题，将组卷或作业发放至学生；学生用户在线作答并提交；教师用户对提交的试卷或作业在线批阅，给出成绩及结果分析；学生亦可在线查看作答及教师批阅的结果，查看每道习题的答案、得分和作答提示。

①测试过程中，作业或试卷在每个步骤有对应的状态，测试平台根据状态自动将作业或试卷流转到教师或学生；

②学生应完成所有习题方可提交作答；

③学生提交作答之后即可查看习题答案和答题解析；

④教师批阅过程，客观题部分系统自动算分，主观题部分由教师根据答题提示录入相应分数；

⑤教师批改完成后，学生可查看总分和教师批改意见。

3．辅导答疑

学生用户在线选择任课教师，输入问题，提交至辅导答疑系统。教师用户于辅导答疑模块查看未答疑的学生提问并予以辅导解疑。

①学生可选择本人所学课程的任课教师进行提问；

②教师可删除不适当的提问内容；

③教师解答过程的操作要简便快速，不应有过多的刷新等待时间；

④辅导答疑分为未解答和已解答，便于教师和学生分别查看。

4．综合评价

（1）学生分析

针对学生在线考试和电子作业的作答情况客观地进行评价统计分析；评价的粒度为练习题，从习题的多个维度出发，包括课程、习题难度、习题类型及学生作答习题的得分情况，进行分析。

①单一维度查询分析：比如，查看语文近期作业习题总体情况，答题结果对、错的题目比例，答错的题目主要学习的范围、知识点；直接查看题目答题解析。

②综合维度查询分析：比如，查看语文课程回答结果比较差的习题部分，系统给出符

合条件的所有习题的详细情况。

（2）教师分析

教师用户针对每次作业或考试，分析学生的作答情况，粒度细化至每一道习题。

①查看每道题所有学生的作答情况；

②查看每道题得分情况统计分析，各得分层学生的比例情况。

（三）技术路线

资源平台使用 Java 语言开发，基于 Spring MVC 和 Hibernate 的技术框架，结合三层架构，最终发布为 B/S 网络结构模式的在线应用平台。

1. 架构与模式

（1）B/S 结构

B/S 结构（Browser/Server，浏览器/服务器模式）是 Web 兴起后的一种网络结构模式，Web 浏览器是客户端最主要的应用软件。这种模式统一了客户端，将系统功能实现的核心部分集中到服务器上，简化了系统的开发、维护和使用。

①B/S 最大的优点就是可以在任何地方进行操作而不用安装任何专门的软件，只要有一台能上网的电脑就能使用，客户端零维护。系统的扩展非常容易。

②B/S 结构的使用越来越多，特别是由需求推动了 AJAX 技术的发展，其程序能在客户端电脑上进行部分处理，从而大大地减轻了服务器的负担，并增加了交互性，能进行局部实时刷新。

（2）三层架构

通常意义上的三层架构就是将整个业务应用划分为表现层（UI）、业务逻辑层（BLL）、数据访问层（DAL）。区分层次的目的是"高内聚，低耦合"的思想。

资源平台服务架构：

①数据访问层：主要是对原始数据（数据库或者文本文件等存放数据的形式）的操作层，而不是指原始数据，也就是说，是对数据的操作，而不是数据库，具体为业务逻辑层或表示层提供数据服务。

②业务逻辑层：主要是针对具体问题的操作，也可以理解成对数据层的操作，对数据业务逻辑处理，如果说数据层是积木，那逻辑层就是对这些积木的搭建。

③表示层：主要表示 Web 方式，表现成 Spring MVC 的 View 层，如果逻辑层相当强大和完善，无论表现层如何定义和更改，逻辑层都能完善地提供服务。

2．技术框架

（1）Spring MVC 框架

Spring 框架提供了构建 Web 应用程序的全功能 MVC 模块。

使用 Spring 可插入的 MVC 架构，可以选择是使用内置的 Spring Web 框架还是 Struts 这样的 Web 框架。

通过策略接口，Spring 框架是高度可配置的，而且包含多种视图技术，例如 Java Server Pages（JSP）技术、Velocity、Tiles、iText 和 POI。

Spring MVC 分离了控制器、模型对象、分派器及处理程序对象的角色，这种分离能让它们更容易进行定制。

（2）Hibernate 框架

Hibernate 是一个开放源代码的对象关系映射框架，它对 JDBC 进行了非常轻量级的对象封装，使得 Java 程序员可以随心所欲地使用对象编程思维来操纵数据库。Hibernate 可以应用在任何使用 JDBC 的场合，既可以在 Java 的客户端程序使用，也可以在 Servlet/JSP 的 Web 应用中使用，最具革命意义的是，Hibernate 可以在应用 EJB 的 J2EE 架构中取代 CMP，完成数据持久化的重任。

二、应用分析

（一）教学效果分析

经过多年对参与多媒体课件设计和制作课程教学改革与实践研究的学生跟踪，得出以下几方面结论：

1．学生实践动手能力方面

能根据实际应用需求，开发满足各种学科教学需求的多媒体课件，教学实践中独立分析问题和解决问题的能力提高了。

2．学生日常学习表现方面

（1）增强了学生学习多媒体课件设计与制作的兴趣。学生上课玩手机的人少了，争先回答问题的人多了。

（2）提高了学生的自主学习能力。学生等老师讲的人少了，提前寻找解决方法的人多了。

（3）增强了学生的合作能力。学生小组作品雷同的少了，有创新创意的多了。

3. 课题组成员方面

除积累了采用基于工作过程的项目化教学改革的经验，熟悉了利用移动学习进行微课程教学和指导学生学习的方法，提高了利用智慧课堂教学模式进行教学的技能。

（二）具体实施中存在的问题和解决方案

1. 学生配合问题

开始由于部分学生的思想觉悟不高，学习兴趣不浓，积极性没调动起来，所以在思考问题和小组合作上配合不好，还有部分学生因平时缺乏锻炼，性格比较内向，不敢在同学和教师面前发表自己的意见，不敢与教师交流，不敢上讲台发言，等等。在此教学过程中，此模式本身与学生实际生活联系很紧，当学生解决问题后有一种成就感，以上学生在性格开朗、思想活跃的学生的引导和感染下，也变得积极起来。

2. 精力、时间问题

新教学模式与传统教学模式相比花费时间和精力要多，这样如每一章节都完全按照此教学模式授课，教师负担会很重。

3. 教学评价问题

因学校评估方案与教学模式在某些方面有些不适应，所以给教师的工作带来了一些压力。平时，虽然教师在工作上花了不少时间，但这些工作因与学校的要求不一致，教师尽管辛苦工作，最后却不能得到学校的好评，似乎有一种出力不讨好的感觉，使教师觉得很不平衡。不过，教师如能调整好心态，改变观念，用事实证明一切，最终一定能得到学校、家长、学生乃至社会的认可。

4. 学生惰性问题

因为学生的依赖性很强，怕吃苦，怕困难，一遇到困难就想求教师或同学帮忙。布置完任务后，大多数学生都积极思考，而总有些学生不动，等着其他学生给出结果。这一现象对新教学模式的顺利开展有一定的阻碍作用，对这一现象尽管经过教师多次启发教育还是不见有好的效果。

（三）教学过程中的几点启示

1. 转换教育理念，突出智慧教育目标

智慧教育的核心理念就在于启迪学生的智慧，培养学生的智慧人格，要解决教育中出

现的诸多问题就必须首先从观念上转变，突出智慧教育的目标，这既是对学校教育的新诉求，也是对非智慧教育理念的反思，更是培养学生的智慧生存、生产、生活所必须突出的教育目标。

（1）非智慧教育理念的转换

非智慧教育理念的转换，需要克服教育现实中的非智慧教育的消极影响，需要摆脱知识本位的极端化、功利化影响，学生主动性滥用的教育倾向，不断地强调理性在教育中的作用，但不是唯理性教育、唯知识教育，同时，也强调非理性的情感、意识、兴趣等在教育过程中的作用。智慧教育不是理性和感性的简单结合，而是在超越理性和感性的基础上的结合。因此，非智慧教育理念的转变要不断促进在理性与非理性因素超越性的结合，促进智慧教育的实践。

非智慧教育理念向智慧教育的转变，需要从学生的智慧人格出发，尊重学生的主体能动性、方式选择性和价值兼容性，促使教育向培养个性张扬、高效灵活、勇于实践的学生目标出发，立足现实的智慧要求与条件，不断地开发和挖掘学生的智慧潜能，促进学生智慧性的参与、创造和享受社会的生产和生活中，实现向智慧性、价值性、生活性的教育理念转变。

（2）智慧教育目标的确立

智慧教育目标的确立，就是智慧教育的理念、目标显现到实际的教育教学活动中。这就需要不断普及智慧教育的理念与目标，将智慧教育的理念根植于学校、教师、学生和家庭的思想理念中，让智慧教育目标真正地在教育中确立与实施，才能共同促进学生智慧的开发与养成。学校要从智慧教育理念出发，确立智慧教育的目标，以培养学生的智慧人格来建立学校的开放化管理和多元化的评价机制。教师要秉持智慧教育理念，以提高学生的理性智慧、价值智慧、实践智慧，培养学生智慧人格为主要目标，智慧的设计课堂教学，不可偏废学生的任何一个学习目标，营造智慧的课堂文化，关注课堂智慧形成。学生要坚持发展自身智慧的角度来学习，自觉在学习中发展自身的个性、人格和实践。家庭也是学生智慧成长的重要一环，家长要摆脱功利性的影响，为学生智慧的全面发展提供有力支持，促进学生智慧人格的形成。智慧教育目标的确立，使学校、教师、学生、家长全方位全方面地去实施和实践智慧教育，才能真正地在教育中实现智慧的生成。

2. 智慧教育主体建设

（1）开发学生智慧需求

智慧教育的有效性不能从教师的角度来判定，而是要从学生智慧层面来衡量。而学生是否愿意学是智慧学生培养的首要条件，只有学生有提高自身智慧的意愿与动机，才谈得上智慧的教育。因此，开发学生的智慧需求，培养学生的学习动机和兴趣，是培养学生智慧人格关键性一步。学生的智慧需求是推动和维持学生智慧学习的动力源泉。学生明确了学习目标与方向，才能更有进取性、主动性、方向性和自觉性，去满足自身智慧成长的需要，不断持续的学习，增进智慧的发展，培养智慧的人格。

开发学生的智慧需要，激发他们不断对智慧的追求，促使他们不断地学习和创造，实现自身智慧的个性成长。首先，要开发和培养学生对智慧目的的理解。通过将学习内容、书本知识、理论和技能与现实生活联系起来，促使学生了解学习对现实生活的功用，对自身智慧成长的重要性，明确自身知识、技能的缺乏，增强对智慧的期望和需要，进而从深层次的了解智慧学习的动机与目的，从而开发自身的智慧学习的基础需要。其次，启发和引导学生对专业知识、技能和经验的更高层次专业智慧的渴求。在学习基础知识的基础上，让学生有机会去了解和欣赏专业层次的知识技能，懂得专业层次知识相较基础知识的优越性和超前性，鼓励学生去追求、学习更加专业更高层次的知识技能的学习，开发学生专业层次的智慧需要。最后，激发和培养学生的创造性需要。要鼓励和捕捉学生的创新和奇思妙想，创造机会和条件，通过教育使其这些想法能够得到宣泄，让其在活动中感受创造的成就感，从而引导学生创造的激情，创造的需要，从而形成学生对创造性的需要。开发学生对基础、专业和创造的需要，从而使其能够主动、积极地投入到学习中去，不断在教育中发掘、发展学生自身的潜能，培养和促使学生智慧的开发与养成。

（2）培养教师教育智慧

智慧教育的实施需要智慧型的教师，教师在教育活动中的主导地位是不可忽略的，因此，在培养教师的教育智慧对智慧教育的实施至关重要。一位普通的教师向智慧型教师转变，除却自身的领悟力、理解力和执行力，更需要后天的磨炼和培养，才能在教学中灵活应对各种教学冲突，让学生在智慧学习中体验到成长的快乐，达成提高学生智慧，培养学生智慧人格的目标。

培养教师的教育智慧，需要学校为教师提供智慧成长条件，也需要教师自主、主动地充实自身。首先，学校为教师提供多层次、个性化的培养目标和计划，创造学习合作个性创新的校园氛围。智慧型的教师成长需要学校关爱教师生态，充分发挥优秀骨干教师的带动作用，利用有针对性的教研、讲座，提高教师的智慧水平，同时，不断跟进教师智慧能力的调研、反馈和评价，从而更有针对性地提高教师的智慧能力；创建学习合作、个性创新的校园氛围，教师间的互相学习与交流。其次，尊重教师对问题的多样化处理，形成尊重教师个性化、创新化的智慧文化氛围，使教师在实践中形成自身独特个性的教学风格。最后，教师自身要有不断充实、更新智慧教育理论和理念，在教学活动中不断反思、评价、改进以提高自身教育智慧。智慧型教师的培养需要教师主动接受智慧教育理论和方法，并不断在实施教学中利用有效的资源，灵活运用到教学活动中，并且巧妙地处理教学中的活动和问题，准确把握教学进程，并不断对自身的教学能力进行反思、评价和优化。

3. 开阔智慧教育视野，丰富智慧教育内容

（1）理性智慧的培养

①系统科学知识的智慧学习

系统科学知识的学习是智慧形成的基础，没有科学知识的学习是不可能形成智慧的。由知识转化为智慧，那就需要对系统科学知识进行智慧的学习。在知识的学习中，不仅要学会"是什么"而且要探索"为什么"，学习需要学生不只是去继承，更重要的是对其智慧的理解与运用。对系统科学知识的智慧学习，教师的作用尤为重要。教师要运用各种方式方法使学生更好地了解知识、掌握知识，同时在学习中不断地引发问题，促使学生不断地求知与学习。

首先，根据学生的知识结构，有序地呈现科学知识，促使对知识的深化理解。学生原有的知识水平是学生学习新知识的基础，因此，教师要了解学生原有的知识结构和接受能力，将其作为新知识学习的增长点，促使原有知识结构的深化和突破。其次，在传授知识的过程中要遵守知识和学科的内在逻辑顺序，从易到难，从具体到抽象，从特殊到一般，引导学生融会贯通，建立知识的逻辑联系，形成整体的知识结构。最后，提供引导性材料，创设认知冲突。在学习新知识之前要提供相关的引导性材料，架起新知识与旧知识的桥梁，增加知识间的联系，同时也由引导性材料引发问题，产生认知冲突，激发学生的好奇心与求知欲，使学生带着适度的问题进入新知识的学习，使学生在认知冲突化解的过程中构建新的知识。引导性材料要充分使旧知识与新知识联系起来，引发的问题要适度，不可太难，否则会使学生产生气馁而厌学，也不可太容易，否则造成学生自满心理而造成学习热情的降低。

②科学知识的智慧提高

科学知识的智慧提高，是学生所学的知识技能真正内化为自身的智慧。促进学生将科学知识内化和智慧的提高，要注重在教学中促使学生学习方法和策略的学习，进而创造性形成符合自身的学习方式和方法。系统科学知识的智慧学习，不单只是知识的学习，在掌握知识的同时学会学习方法和策略。因此在教学中，一方面，在传授科学知识时，教师要注重思维方法、思考方式的系统诠释，让学生在知道是什么的基础上，也懂得为什么，多引发学生的思考，尤其在解决问题中，鼓励和培养学生主动寻找最优方法、最佳途径的意识与能力，在分析问题和解决问题的过程中学会面对问题、难题的方法和策略，而不是简

单直接地呈现知识与结论。另外，在学习之外监督和培养学生形成思考的学习习惯，充分利用班会、小组活动等帮助学生积累学习经验，提炼学习方法，分享和交流学习状态、反思和评价，促使学生养成良好的学习、思考和评价习惯。另一方面，系统科学知识的智慧提升，在学生掌握知识、学习方法和策略的同时，也需要教师引导学生选择适合自己的方式、方法。要实现科学知识智慧的提升，需要充分尊重学生的主体地位，尊重学生的差异，真正淡化学生的差别，尊重学生不同的解决问题的方法、路径，在帮助学生之前充分了解学生的困难，诊断学情，对症下药，有针对性地帮助学生克服困难，鼓励学生形成自身的学习方法与习惯。再一方面，引导学生自主思考与反思，结合自身情况，通过与教师、同学间的交流学习，不断地思考、探索和改进学习方法策略，创造性形成符合自身特点、利于自身智慧发展的学习方法与策略。

③深度学习

深度学习是学生主动地、探究地在复杂的学习环境与情境中关注知识信息的深度加工、批判性的学习、反思，从而促进知识的有效迁移与应用。学生理性智慧的生成，需要通过批判性、创新性地对科学知识和信息进行深度加工、深度理解，主动建构个人的知识体系，并有效地迁移和应用到社会生产与社会生活中解决实际问题，促进学生智慧的深度发展。促进学生深度学习，需要在校园生活和课堂学习中共同熏陶和培养学生的创新和批判思维，促进学生创造性的对知识的融会贯通、迁移与应用。首先，在课堂教学中营造开放性的课堂氛围，以多样性的目的充分调动学生的想象力和思维能力，启动学生的自由天性，引导学生创新观察、质疑和想象，让学生成为课堂的主宰者，给予每个学生展示的机会与舞台，使其可以自由展示自身创新性的或是不成熟的想法。其次，在教学中引导学生各学科内容的整合，使各学科的教学内容紧密结合，引导学生自发地反思、评价自己是否对已学习的知识能够融会贯通，举一反三，查漏补缺，多方位全方面地对知识的深度理解，为有效迁移和应用奠定知识基础。

（2）价值智慧的培养

教育对学生智慧的培养引导不只是知识部分的学习，更重要的是价值的培养。智慧学生的形成需要学生有自身的价值智慧，这是智慧人格形成的必要条件。教育要使学生发现自身智慧生存、生产和生活的价值，因此，既要在教学中引导，也要从学生的具体生活中引导。

①教学中价值引导

在教学中引导学生价值的培养，要设置直接价值知识课程，也要在科学知识的学习中关涉到价值的培养。价值知识在教学中，可以直接揭示价值，指导学生价值内容的学习，也可以创设一定的教学情境，在情境中指导学生对富有价值内容的知识学习，使学生能够学习到客观的对社会、自然、他人与自己的生态价值观念，摒除社会功利性等各方面的负面影响。同时，无论是在直接揭示价值还是在情境中的学习，都要给以学生自身的反思与反馈，反思价值内容与自身价值的差异，反思价值内容与自身行动选择的助益，反思价值内容与社会价值观念的优缺，使学生能真正认识、理解和排除社会不良价值的影响，将生态性价值内容内化为学生自身的价值选择，从而在行动中坚持自身价值选择而不受其他因素的影响。

价值知识课程是学生价值学习最基础的部分，而将价值教学引入到知识教学中是很容易被忽略却同样重要的。在学生的文化知识教学中将价值教学引入，将教学活动中加入价值的设计，在传授知识的过程中将价值观念融入，是学生对价值的学习有更好的实例关切，将价值传授变成潜移默化的学习，对价值内容的直接学习有很好的辅助作用，这样使学生在知识学习中也能形成一定的价值观念，也使知识的学习变得丰满，不再枯燥，提高了教学的智慧性，使价值不至于蔽于知识的学习。同时，培养学生广泛的阅读兴趣，推荐和引导学生多阅读具有各种价值教育意义的书籍，帮助拓宽学生的价值世界，并引导学生在阅读后对其进行反思，通过读后感或是探讨等各种形式，对价值选择进行反思、评价和改进，从而发现生命价值、生活与生存的价值。

②学校生活中引导

从学生具体生活中引导，需要教师在与学生的交往中，关注自身价值行为，不受社会功利性或其他不良价值的影响，给学生提供良好的示范作用。只有教师给学生提供了良好的榜样，以自身行动感化学生，才能在教学中以理服人，以德感化学生，否则教师行为与所教理论相违背，反而会使价值学习变成只是为应付课程而进行的，而不能真正地使学生接受所学的知识，更不要说将所学知识转化为自身的价值行为。因此，教师的榜样作用是非常重要的，教师要规范自身价值行为，用自身的价值来影响和帮助学生形成自身的价值选择。

从学生具体生活中引导，需要教师通过班会、课外活动等了解和关心学生的具体生活，帮助学生发现自身角度的价值选择，并由自己、自己的生活推己及人，并推及到社会、自然等与生产生活相关的生态环境，从而引导学生价值选择的形成。教师在校园生活中要引导学生自己选择并对价值选择进行反思。学生的实践是价值形成的基础，是价值信念实现的体现。因此，教师要更加关心学生，在学生遇到问题，或是部分学生出现价值选择问题时，要及时与其交流、谈心，帮助其正确解决问题，并反思问题，使学生在问题与困难中不断实现价值智慧反思、成长，促进智慧人格的形成。

4. 加强智慧教育实践，促进实践智慧的生成

智慧教育要面向生活，是为学生未来生活做准备、打好基础，也是学生能真正参与社会现实生活的过程，同时，还是教育为培养学生的实践智慧和学生智慧全面发展的必经之路。要做到教育面向生活，就需要实现教育环境和内容的生活化，教育方法和模式的生活化。

（1）教育内容和环境的实践化

教育内容实践化。首先，教材、课本要与实践联系，将社会中优良的价值观、行动方式方法等健康的内容引入教学内容当中，充实和丰富教学内容，加大教材内容和社会实践、生活体验联系的部分，使学生在学习生活中能更多地了解社会、适应、应对社会不断变化发展，促进实践智慧的提升。其次，教学活动与社会实践联系。把知识应用到实践活动中去，有目的有意识有计划地向学生呈现、介绍、分析现实的社会实践和生活中会遇到的情境。最后，创设教学情境使学生体验了解、分析、应对和处理社会生活中遇到的问题，同时，增加课外活动、课外实践使学生亲身参与实践中，促进知识的应用与实践，促使实践智慧的成长。

教育环境实践化。首先，要促使学校教育的开放化，逐步将社会生活中的健康的内容、活动、机制引入到学校。学校教育的开放化，体现在学校管理者、教师、学生和管理体制的各个方面。学校的管理者、教师都应该多接受社会的积极影响，将社会环境中的先进理念、思想带到学校，引导学校的学风校风。其次，学校的管理体制要与社会接轨，开放式的管理，给教师、学生更充分的特色和自由，促使学校教育不断地与社会接轨，开放性的将社会生活中的积极作用引入学校。最后，大力推进学校教育融入社会，用教育中的价值观、行为准则等去引导和改良社会，不断扩大教育对生活的影响和引领作用。将教育中的价值观、行为准则等去引导和改良社会，一方面，教师所教的高尚的内容、价值和行为，不再只是纸上谈兵，而是实实在在地影响学生和社会价值观的不断纯洁。另一方面，学生也能够真实地感到自身所学知识的优越性与实用性，也更加乐于将所学的知识转化为学生的实际行为，从而影响身边的人，不断地促使社会的进步。

（2）教育方法和模式实践化

教育方法和模式的实践化，需要更多地关注学生的直接经验，促进学生观察，开展体验性和观察性教学。学生是生态系统中的一员，是活生生的生活在生态系统中，有体验、有情感、有观察的人，教学中要把抽象的书本知识融入学生的经验系统，增加教学活动的情境性、体验性，以具体、直接、感性的方式将知识呈现给学生，关注学生的兴趣和生活经验，使课堂教学变成学生体验的过程，将教师和学生的经验与体验联系起来。同时，增

加学生在实践中学习的机会，在课堂之外，多开展实践活动，组织学生参观文化展览、开办竞赛活动等方式，促进学生不断在活动中的参与性、观察性和体验性，促使学生能够更多地体验到智慧学习的乐趣。

教育方法和模式的实践化，需要不断促进师生互动。教师与学生的互动中双方处于自由平等地位，相互尊重与体谅。在教学中，教师和学生都能自主地参与到课堂氛围中，在知识的学习中相互交流、沟通、回应和影响，教师充分尊重学生的差异，尊重学生的自主性，学生给予教师尊重与信赖，共同体验知识学习的乐趣。在教学之外，教师和学生平等地参与到课外活动中，平等地体验校园生活的。教师是学生体验的倾听者、指导者，为学生智慧的成长提供了广阔的自由的空间，使学生能够充分彰显个性，在与教师的交流与交往中相互影响，共同成长。

5. 创设智慧的环境，促进智慧教育实施

（1）创建启智的校园文化

学生的智慧发展需要良好的教育环境和学校氛围，校园文化会在逐渐熏陶中影响学生的成长，因此，创建启迪智慧的校园文化是学生智慧形成的必要保障。首先，学校教室、走廊、操场、食堂等要充分体现启迪智慧的设计理念。学校的物质文化传递着一定的育人理念，因此，这些物质文化的设计要从培养学生智慧人格的角度来设计，使学生能在外在的景观中得到潜移默化的影响。其次，创建启智的校风，营造宽松人际关系环境。校风是校园精神的集中体现，宽松的人际关系环境对学校教师、学生都有内在的激励作用，可以使其在无形中得到引导和影响。启迪智慧的校风是教师、学生、学校管理者共同参与、创造而不断形成的，因此，宽松的人际环境氛围更有利于学校管理、教师的教学和学生的学习。最后，学校管理者、教师、学生共同坚持启迪智慧的信念与价值追求，在校园生活中共同参与创造，不断形成智慧的教育。

（2）营造学生智慧成长的管理机制

启迪学生终身受用的智慧，依靠零散的渗透和熏陶是远远不够的，必须从管理、制度上来保证学生智慧的培养，激励学生智慧的开发与养成，形成智慧的人格。首先，学校要充分利用自身拥有的各种资源，结合学校自身实际开设类型丰富的课程，从课程设置上使学生拥有了更多的智慧选择。只有在课程设置上为学生智慧化、个性化的学习提供保障，才能够使学生在校本课程中促进自身智慧的不断发展，智慧的生成。其次，学校在制度方面要为促进学生智慧的课程提供制度保障，实行多元化评价机制。学校管理、活动的组织要以学生智慧的形成为首要目标和关注点。尤其是学校的评价机制，对教师和学生的评价要多元化。对学生实行以综合素质评价为核心的评价体系，使学生的理性智慧、价值智慧、实践智慧等方面均衡地得到发展与评价。对教师评价要从教学、科研、德行、人际关系等多方面评价，促使教师、学生在互动中智慧能够共同发展与成长。评价的多元化才能保证学生在智慧开发中多元性的发展，促使学生智慧的全面发展。

第五章　教育信息化时代的智慧教学探索

信息技术的发展为新时期教师的教学提供了良好的信息环境与条件，使得新的教学网络环境、网络课件、在线互动成为可能，并实现了对复杂、多样化教学信息的快速、简便处理，使得教学更加高效。新时期，信息技术的发展速度惊人，有更多的信息技术正被发明创造并应用到教学中去，教学信息化技术体系不断丰富，为现代化教学提供了更多的教学选择。这里就对当前新信息技术在教学中的应用进行详细分析，以探索教育信息化发展进程中教学媒体的创新应用。

第一节　教育信息化过程中的教学媒体创新

一、视听媒体辅助教学

(一) 视听媒体的构成

视听媒体，是视觉媒体与听觉媒体的合称，在教学中，是对学生不同感官的调动，使学生通过不同感官来接受教学信息，并建立正确的知识系统。

1. 视觉媒体

视觉媒体主要有幻灯机、投影器和视频展示台等，可以展示放大的、清晰的、彩色静止的视觉画面，影像逼真，设备简单、易于操作。投影教材使用更加灵活，可以用箭头指示重点，可根据需要逐步展示，教师可以根据教学需要，选择放映内容，控制放映节奏。

2. 听觉媒体

听觉媒体有录音机和 CD 唱机，能够播放声音信息，可以范读课文、欣赏音乐。听觉媒体经济实用，简便易行，可以根据需要自主播放，还可以自制或改制录音教材，提供效果逼真的声音，帮助教师解决某些课程中的难点。此外，充分利用教学广播，还可以进行远距离教学，扩大教学规模。

现阶段，视觉媒体和听觉媒体都在教育教学中得到了广泛应用，还有一些教学媒体充分集合了视觉、听觉表现特点，它们共同构成了视听教学媒体。不同的视听教学媒体特点不同，不存在对任何信息、对任何学习都适用的超级媒体和万能媒体，教师可以结合需要有选择地运用，注意不同教学媒体的结合，扬长避短，优势互补。

（二）视听媒体的教学优势与功能

将电教手段引入教学，是一种新的教学方法与手段。当前，电视、电影、广播、动画，以及各种电化仪器和设备的使用，对于教师和学生都是一种新的尝试，在教学中备受欢迎。

视听媒体集合了视觉媒体和听觉媒体的共同的优点，能够在呈现视觉信息的同时播放声音信息和画面信息，可以做到视听结合，表现力更强。

二、多媒体教学

（一）多媒体教学技术与多媒体教室

1. 多媒体技术

多媒体教学技术，即 CAI 技术。在我国，CAI 技术应用于教学已经有较长的一段时间，且因其具有可嵌入性以及良好的交互性能，能使教师的教学更加形象和生动，故相比于传统的教学形式而言，教学效果更好。

2. 多媒体教室

多媒体教室，也称为多媒体演示室，是根据现代教育教学的需要，综合多媒体计算机、投影、录音、录像等现代教学媒体建立的教学系统，是教育现代化的标志之一。

多媒体教室的建立，为教师利用多媒体技术开展教学提供了良好的教学物质设施，把教师从传统的"黑板+粉笔"的教学模式中解放出来，可使教学过程更加符合学生的认知、理解和记忆规律，有助于提高教学效果和效率。

3. 多媒体技术教学特点

多媒体技术相比于传统的教学手段，将体育运动相关录像、图片、flash 等引入课堂教学，教学效果良好。多媒体教学辅助技术具有智能性、集成性、交互性、实时性、长久储存性等特点。具体表现如下：

（1）智能性

一方面，多媒体技术可以让学生观看到平时看不到或看不清的各种运动过程，以促进学生对所学内容的理解和记忆；另一方面，计算机的智能化使得模拟讲课、批改作业成为现实。

（2）集成性

多媒体技术融文字、图形、声音、影像等为一体，能将各种不同的媒体信息有机地集成在一起。通过录像、图片、flash 等的引入，使教学更加生动、形象。

（3）交互性

多媒体技术可实现教师在媒体综合处理上的"随心所欲"，使用者可以控制自如，实现内容随意跳转，视频、音频自由停放、慢放、回放、角度转换等操作，使学生更加深入地了解、理解和记忆教学内容，更有利于教学过程的控制与教学效果的完善。

（4）实时性

多媒体技术教学可以实现实时交互式教学，师生可以同时交流和学习。

（5）长期储存性

多媒体是以全数字化的方式加工、处理存储的，声音和图像等信息可以长久保存不变质，师生可随时调用查看。

（二）多媒体技术在教学中的应用

目前，多媒体成为学校教育中不可缺少的手段。现代教学中，多媒体的教学已经非常普遍了，对于教学过程与教学质量均有很大的改善。在教学实践中，由于教学形式的不同，具体的多媒体教学应用也不相同，同时，不同学科的多媒体教学有具体的不同的要求。随着多媒体教学在越来越多学科教学中的应用，针对各种教学的多媒体设备、软件等应运而生，更加丰富的多媒体教学设备展现出了更便携、更方便、更快捷的特点，使得教学更加便捷有效。

结合教学中多媒体课件的应用，这里重点分析以下几个教学准备（阶段）：

1. 需求分析

（1）必要性分析

在任何学科的任何形式的教学之前，都应对教学所需的教学资源进行需求性分析，以便于提前为教学活动的开展准备好相应的教学资源。

对教师来说，多媒体教学优点很多，但是否适用值得深思。教师必须明确认识到，制作多媒体课件的目的是优化教学结构，提高教学效率。一些教师为了强调创新，一味地追求最新技术的应用，导致将教学变成多媒体成果展览，这是教学中的本末倒置。

教学不是多媒体课件展示，多媒体教学技术是教学工具，多媒体教学技术的选择是为教学的顺利开展而服务的，如非必要可改用其他更适合的教学工具与教学方式。

（2）多媒体工具的选择分析

在设计多媒体教学课件之前，要充分考虑是否有选用具体的教学媒体工具的必要。根据教学内容的需求选择适用的多媒体编辑软件，多媒体的使用，应既利于教师的教，又有利于学生的学。

现阶段，在各学校的各类学科教学中，常见的多媒体课堂教学设备和软件、硬件设施有很多种，结合教学实践，选择最优，例如，如果内容简单，动画少，图片多，可考虑选用 PowerPoint 演示文稿；如果交互及动画较多，程序复杂，可选用 Authorware、Flash 等编辑软件。

2. 教学设计与脚本设计

在确定选用多媒体教学之后，应对教学内容、教学过程，以及应用多媒体教学技术的具体的程序脚本进行设计。

多媒体教学中，程序脚本是程序运行的文字表述，有表格式和卡片式两种设计方式。在多媒体课件制作前，应将清课程设计主程序、分支运行过程。可以用文字表达出来，再结合脚本组织、搜集素材。程序脚本是多媒体课件的框架，有提纲挈领的作用。

3. 素材收集与制作

在多媒体课件制作过程中，教学素材的选择会直接影响课件的表现效果。多媒体课件的素材和内容必须有利于教学内容形象和生动地呈现，可选素材类型主要包括文本、图像、声音、动画、视频等。

结合教学内容和教学方式选择相应的多媒体展现教具，以便更加生动、形象地展现所选择的教学素材，并利用制作工具把各种多媒体素材集成制作为一个课件，以供教学中方便使用。

需要特别注意的是，多媒体课件完成后，注意打包保存，拷贝到可移动设备中，以方便在课堂教学中使用。

4. 评价与修改

一方面，课件完成后，应通过试运行进行检验和评价，必要时应结合教学需要再做详细调整。

另一方面，结合具体的教学实践效果，针对教学中出现的多媒体教学技术应用方面的问题，对教学设计和课件进行修改，以使之更贴合教学实践，更能满足教学需求，更有利于教学过程的顺利开展和良好教学效果的取得。

5. 使用和发行

多媒体教学课件最终修改完善后就可以投入使用了，教师除了自己在教学中使用外，还可以进行交流、推广或发行，使更多学校的相应课程教学受益，实现教学资源的共享。

三、校园网与移动网络教学

（一）校园网教学

1. 校园网的功能

校园网是基于互联网应用，集相关软件与硬件于一身的为学校提供教育教学服务、科研与教学管理的计算机局域网络系统。

校园网教学具有以下基本功能：

（1）内网络教学

校内网的建设，可以形成一个校内的网络教育教学服务平台，可建立一个基于校园地域的网络教与学的自动化、数字化应用系统，包括学习系统、教学演示系统、网上备课系统、考试与评价系统、电子阅览室等。

借助校园网为学校提供的宽带多媒体网络环境，师生可通过校园网进行备课、教学、查阅资料，同时，还能实现多媒体教学软件的开发与演示，发挥网络教学的一切潜能为学校的教育教学服务。例如，校园网可以实现多媒体计算机辅助教学，多媒体技术可以用于大学校园学习网络的建立，构建校园多媒体教学平台，在该平台中，教师可以实现教学资源和教学计划的共享，以便学生预习、查阅和复习。更重要的是，在交互平台上，师生之间、学生之间可以利用在线交流、邮件、留言等形式实施互动，不仅有助于降低教学时间与空间限制，还能提高教学维度，优化教学效果。

（2）教学与通信服务

校园网可以实现师生的校内网络教与学的沟通，实现师生之间及与主管部门的沟通，也可以实现校际的网络沟通。例如，和兄弟学校之间可实现网上互相通信、浏览互联网，甚至进行个别辅导、小组讨论、远程教学等。

远程教学与通信服务内容和样式丰富，包括学校主页、电子函件、电子公告、视频会议、远程教学与教育等模块。

（3）行政管理自动化

行政管理自动化包括学校行政事务管理、教务管理、学生管理、教研管理、后勤管理、信息查询及交换和校园一卡通等模块。

建立在校园网基础上的 MIS（管理信息系统）可以为学校在人事、教务、财务、日程安排、后勤管理等方面，提供一个先进的分布式管理系统；并会使原有的管理模式从纵向、单通道的、主要依靠个人的经验和判断及决策的简单模式，发展成为现代的、多向的、多通道的、网络状的复杂模式，从而提高管理效率，达到事半功倍的效果。

2. 校园网的构成

校园网是为学校教育提供资源共享、信息交流和协同工作的平台环境。通过校园网，学校师生、科研和管理人员可实现自动化、远程教学与办公。

校园网由硬件设备和软件系统构成，可以简单理解为校园网的硬件环境与软件环境。

（1）校园网的硬件环境

校园网的硬件包括服务站、工作站、网间互联设备、传输媒介等，其中，网络互联设备主要指集线器（HUB）/交换机（Switch）、防火墙（Firewall）。在校园网的数据传输过程中，需要使用到的传输介质包括双绞线和光纤，这是进行数据传输的基础性物资设备。

（2）校园网的软件环境

在硬件设备的基础上，装上软件才能实施数据的计算与传递、接收。校园网的运行软件主要有两类：

①网络操作系统软件：包括 Windows 系统、UMIX、Linux。

②网络应用系统软件：包括 WWW 服务器软件、数据库服务器软件、电子邮件、Web 代理与防火墙服务器软件、视频服务器软件、客户端浏览器软件等。

3. 校园网的建设

考虑网络扩展性，校园网一般都采用"主干+分支"的结构。这种结构利用高速网络技术构建整个校园网的主干网，学校各个院、系、部门的局域网或其他计算机系统则作为分支通过网络设备连接到主干网上。校园各建筑物内的局域网采用交换技术，以追求最高的通信效率。校园面积较大，可建立多个局域网。

（二）移动网络教学

1. 移动学习

移动通信技术的发展是移动学习的重要技术支持。目前，对移动学习的定义并没有明确的界定，我国代表性的移动学习定义有如下几种：

（1）移动学习是以移动技术为中心的学习，强调学习的技术特征。移动学习是在移动计算设备帮助下，在任何时间任何地点发生的学习。

（2）移动学习是与 e-Learning 相关的移动学习定义，认为移动学习是 e-Learning 的扩展。移动学习是远程学习和数字化学习发展过程中的新的发展阶段。

（3）移动学习是教与学的活动都可以通过移动设备进行传递学习。学习者通过移动技术持续发生交互。

2. 移动网络教学的特点

随着移动互联网的发展成熟和不断升级，越来越便携的输出设备（如手机、笔记本电脑、平板电脑等）出现，使得学生在需要时可以观看视频或图片。与传统教学相比，移动学习的优势特点具体分析如下：

（1）移动性

移动性是移动学习的一个最基本的特点，即移动学习可以实现随时随地性。学习者不再被限制在课堂上、电脑桌前，而是在任何地点（如地铁上、公交上），都能根据自身需求获取不同的学习资源。

（2）碎片化

移动学习能实现学习者在任何时间的学习，学习者可以通过利用其琐碎时间，每天进行移动的碎片化知识积累，以满足学习者碎片化学习的需求。

（3）个性化

移动技术下，很多学习类软件，如微信公众号、APP 等的出现，可以方便不同的人有针对性地学习。不同学习者可以结合自身学习的方式、习惯、风格等，在移动设备上选择最适合自己的学习软件和学习资源。

3. 移动网络教学应用模式

目前，移动学习有以下三种模式，学校移动网络教学也是通过这三种学习方式建立起来的，各学习与教学模式的特点不同，教师可结合教学需求选择应用。

（1）基于手机短信的移动学习模式

教师与学生通过手机短信（短消息、多媒体短信）进行教学活动，包括发布教学通知及相关内容、学习者对学习情况的反馈与教师的再反馈（师生互动）、在线测评与信息查询。

基于手机短信的学习与教学活动的开展，只需要一个具有短信收发功能的移动终端就可以实现师生、生生、学生与服务器、教师与服务器之间的通信。

（2）基于浏览连接的移动学习模式

基于短信的移动学习的数据通信有时间差，不是实时交流，在教学方面存在一定的局限性。随着通信芯片和 3G 通信协议的推出，基于浏览连接的移动学习应运而生。

基于浏览连接的移动学习是用户利用移动终端，经过电信的网关后可以接入互联网，通过 WAP 协议访问教学服务器，进行浏览、查询和实时交互，师生可以随时随地地浏览、下载教学和学习资源。

（3）基于校园无线网络的准移动学习模式

在局部范围内（如一个校园、一栋楼、一个教室）实现移动学习，学习者通过校园无线局域网络，利用笔记本电脑、智能手机、平板电脑等进行学习。

随着移动技术和移动设备的发展，移动设备越来越智能化。随着传感技术的发展，人机交互的方式将继续发生改变，触摸屏、语音、手势、面部表情都将会成为主要的输入方式，可为特殊人群的移动学习提供便利。

未来会有更多的、个性化的网络，可以实现定制化的移动学习，通过移动通信技术实现学习网站、博客向笔记本电脑、平板电脑、智能手机或其他移动设备的推送服务。

四、慕课与网络在线教学

（一）慕课

1. 基于网络的 MOOC

基于网络的 MOOC（cMOOC）以关联主义学习理论为基础，围绕某一特定课程主题，以周为单位，每 1~2 周探究一个专题，侧重于知识的创造与生成。

cMOOC 是一种结构松散的分布式课程，主题前沿，学生自主选择内容，自定学习步调，不注重课程评价。在 cMOOC 平台中，学习者自主地开展多种学习活动，开展协商讨论和合作探究活动，通过社交网络媒体（博客、微博、Facebook 和 Twitter 等）共享学习成果。

2. 基于内容的 MOOC

基于内容的 MOOC（xMOOC）产生于 2011 年，以美国名校的 Coursera、Udacity 和 edX 三大 MOOC 平台为代表。

基于内容的 MOOC 以行为主义学习理论和认知主义学习理论为基础，以教学视频、作业和测试等为学习方式，强调学习者获取和掌握课程内容，侧重于知识传播和复制。

xMOOC 以视频讲授为主，视频长度为 5～15 分钟，课程互动以线上交流为主要形式。学习者与教学者利用课程讨论区互动交流和答疑解惑，并以城市为单位的线下见面会为辅，实现线上与线下的混合学习。

3. 基于任务的 MOOC

基于任务的 MOOC（tMOOC）以建构主义学习理论为基础，以任务为驱动，注重学习者对知识的深度加工。

tMOOC 课程结构松散，内容设计灵活，学习者在特定的任务情境中自定学习步调，利用丰富的学习支持服务，与同伴开展协作学习。

以上三种慕课学习形式各具特点，学习者可结合学习需要和兴趣爱好选择使用其中的一种或组合。

（二）网络在线教学

1. 网络教学的概念

计算机网络教学（CAI 技术），融文字、图形、声音、影像等为一体，能将各种不同的媒体信息有机地集成在一起，形成多媒体演播系统，具有教学的可嵌入度以及良好的交互性能。

计算机网络教学在教学中的运用，主要体现在校园教学学习网络的建立。早期的 BBS 由教育机构或研究机构管理，当前，许多著名高校的校园网站上都建立了自己的 BBS 系统，通过互联网介入教学。计算机网络教学大大拓展了教学的时间与空间。

2. 网络教学的特点

（1）拓展性

计算机网络教学改变了传统教学课堂教学的范畴，使教学中的各种知识诸多方面在互联网中全面共享，计算机网络教学能最大限度地实现师生的广泛、平等交流，能从时间和空间上拓展课堂教学。

（2）互动性

计算机网络教学能将资源共享，师生互动渗透到传统教学的每一个教学环节和阶段，同时，在传统课堂教学触及不到的地方，也能做到实时的交流与互动。

一方面，互联网教学便于教师的教学资源整合、共享、整理、查阅。在计算机互联网教学中，通过校园学习网络和网络课程体系的建立，教师可以实现教学资源和教学计划的共享，以便学生预习、查阅和复习。

另一方面，互联网网络教学方便学生课余时间的学习。学生在课堂上无法更深层次了解，或者没有更多时间深入探讨某一问题时，可以在课余时间关注校园体育论坛，与本班级教师和同学、其他教师和同学形成一种有效的互动。师生之间、学生之间可以利用在线交流、邮件、留言等形式实施互动。

（3）趣味性

在传统教学中，教师在黑板前板书，学生坐在教室集中听讲，教学形式单调，课堂气氛往往过于严肃。

计算机网络教学不仅可以实现线上的实名互动，还可以实现匿名互动，教学气氛轻松，师生关系更加和谐。同时，计算机网络教学方法生动，机动多变，适应性强，教学更加灵活，教师和学生充分互动，突出了针对性、实用性、趣味性，可促进学生教学学习和教师教学的教学相长的良性循环。

（4）综合性

网络教学能实现教师与学生的在线交流与互动，在依托计算机网络的"教"与"学"的交互平台上，通过多样化的网络课程及其配套平台设置，如网络课堂直播、公开课、论坛等，借助于校园计算机网络建设和学生的网络设备利用，形成了多元化的综合性网络课程教学体系。

3．网络教学课程结构

在网络教学实施前，教师应结合教学需要进行课程结构设计，这是网络课程设计的重要工作，它包括功能设计和知识结构设计两部分内容。前者在于满足学生学习需求，"使用方便"是最基本的设计要求。后者在于体现出教学内容的层次，实现学生的个别化学习，满足不同学生的学习需求。

4．网络教学内容呈现形式

在网络课程教学过程中，教师所使用的教学资料和教学工具都是数字化、集成化的，课程内容以电子教材的形式呈现。电子教材，是充分运用 PPT、Authorware、Dartfish 运动分析软件、Macromedia Flash 8、CorelVideoStudio Pro X5、格式工厂等软件，使教学内容不局限于单一的文字叙述，经过设计软件制作过的视频与图片等开展教学。

5．网络教学课件开发

在信息高速发展的现代社会，教学应与时俱进，充分利用现代科技促进课程教学的不断完善，网络教学资源的开发是一个非常有效的途径。在开发网络教学资源的过程中，应将学习需求分析放在首位，学生的学习需要是做好网络课程开发的基础性环节与核心依据，对此，教师应做好系统、详细的学习需求分析。同时，应关注学生的学习背景、学习期待、学习策略与学习困难等四个维度，以提高学生的学习兴趣与积极性。

网络教学课件是目前计算机辅助教学系统的新形式，网络教学课件的设计与研制流程具体如下：

（1）课程总体结构设计

教学目标、教学内容和方法是网络教学课件总体结构设计的主要依据，总体结构的设计是在充分考虑教学内容的结构基础上进行的。在设计过程中，需要通过对课件框图的使用来排列教学内容的基本结构，然后用一些有特色的多媒体方式突现教学难点与重点，吸引学生的注意。

（2）网络教学界面设计

人机交互及虚拟网络中的人与人的实时互动，是网络教学的一个重要特点，人与计算机之间进行联系的桥梁是课件界面，界面主要负责对知识信息的传输。界面设计在大学生网络教学课件中必不可少。设计网络教学课件时，要有序地排列并组合一些视听方面的多媒体元素，以此来表现一定的个性思维。

一般来说，网络课程教学界面设计中主要涉及的内容有文学、信息技术、美术、音乐等多个学科，为吸引学生的注意，要注意充分结合文本信息、图片信息与声音信息，以此来使界面美观、灵活。此外，还要注意界面的可操作性，容易操作的界面能够激发学生的学习兴趣，并为学生的学习提供便捷的网络入口及丰富的教学资源。

（3）明确所需技术支持

①编辑处理技术

Dreamweaver 是唯一提供 Roundtrip Html 视觉化编辑与原始码编辑同步的设计工具。Dreamweaver 支持精准定位，可利用可轻易转换成表格的图层以拖拉置放的方式进行版面配置，能用最快速的方式将 Fireworks 或 Photoshop 等档案移至网页上，使用网站地图可以快速制作网站雏形、设计、更新和重组网页。

②动态网页技术

"动态网页"，即具有互动性质的网页，具体是指网页的内容会根据使用者所输入的数据而变得有所不同，例如，比较常见的 web 留言板、web 聊天室等，都使用了一定的动态网页技术。

现阶段，在网络在线教学中，最常用的动态网页语言有 ASP、JSP、PHP 等几种，制作网络课程时可以综合运用这几种网页技术，争取设计出富有特色、美观、识别程度高的网络教学网页。

③数据库技术

一般来说，网络课程中有很多信息是需要进行存取与更新的，这就需要用到数据库技术。在进行羽毛球网络课程设计时常使用 SQL 和 Microsoft Access 数据库，利用这一数据库可以制定出完善的网络教学精品课程。

④多媒体技术

网络在线教学，对教学内容的展现是图文和视频方式，不同内容的呈现具有具体的格式要求。

一般来说，教学网站建设中图片的格式主要有 JPG 和 RTF 等几种形式，获得图片的形式主要有网络搜索、抓图、照相机拍摄、扫描等几种。

网上音频文件格式有 wav、MP3、wma 等几种，利用这几种音频格式所制作的音乐，可以当作羽毛球技术讲解时的背景音乐。

网络视频文件主要有 WMV、Wpeg 等几种格式。一般情况下，利用数码摄像机拍摄的视频就可以满足教学的需要；动画一般采用 office 提供的 Microsoft PowerPoint 形式。

在线网络课件的开发过程中，运用以上技术把图、文、声、像融为一体，可以有效增加教学内容的形象性、直观性、真实性和趣味性，有利于学生在"真实"情境下进行知识与技能的学习。

（4）网络精品课程设计

一般来说，任何一个网络课程都必须至少包括三个模块，即教学管理模块、学习功能模块和师生互动模块。网络精品课程设计应在这三个模块的广度和深度上多下功夫，包括对内容的精品化和对展现形式的精品化，此外，还有互动体验的优化。

①教学管理模块设计

一般来说，网络课程教学管理模块主要是记录学生的基本情况，包括注册登记、学生个人账号和密码、权限设置、个人资料、学习情况等内容。通过这一模块可以有效地掌控学生的学习状况，及时与学生沟通（如发送教学通知、收集学生学习反馈信息）。

教学管理模块还能充分展示教学课的内容和练习方法等。学生通过这一模块可以很好地了解课程的基本要求、重点和难点，以及各个学习阶段的课程安排等。在学习过程中，学生可以结合自身的能力和特点，制订和优化学习计划。

②学习功能模块设计

网络课程学习功能模块主要包括教学资料模块、网络授课模块和课后辅助教学模块三个部分。

a. 教学资料模块：包括与教学内容相关的最新发展动态。

b. 网络授课模块：讲授教材使用流媒体技术，将事先录制的教学录像和多媒体课件、讲义相互对照，分置于窗口的不同框架进行显示。同时，还可以采用网络同步授课的方式进行教学，如利用微软的 MSN 和腾讯的 QQ 等就可以轻松实现同步授课。网络课程教学与一般的授课模块一样，也可以有同步辅导和异步辅导两种方案，二者配合起来使用往往能取得更佳的效果。

c. 课后辅助教学模块：建立一个接入窗口，方便学生评论、留言互动，以促进学生更好地进行学习反馈。

③师生互动模块设计

在网络课程教学中，教学评价也是一个非常重要的环节，网络课程评价系统的建立能从整体上控制和调节教学活动的进行，保证教学活动的顺利开展。一般来说，网络课程主要提供教师评价和学生自评两种评价方式，需要结合课堂教学与课外活动进行。

网络论坛是讨论学习的一种有效方式，教师不仅可以开展专题讨论，还可以对讨论中学生的发言情况进行统计分析，有助于教学效果进行总结性评价。学生也可以发起讨论话题与大家讨论，进行线上互动，交流学习心得。线上互动时，学生可以利用学号作为用户名凭自定义密码登录论坛，根据自己的需要或想法发帖。同学们可进行讨论研究，同时发表自己的看法（跟帖）。教师则作为管理员，管理帖子并解答疑难。

五、3D 打印技术的教育教学引入

（一）3D 打印概述

1. 3D 打印技术的概念

3D 打印技术，学名为"快速成型技术"，又称为"增材制造技术"，是快速成型（模具制造）技术的一种。3D 打印技术起源于 20 世纪 80 年代。3D 打印通常采用数字技术材料打印机来实现。

3D 打印技术一经问世，就在珠宝、工业设计、建筑、工程和施工、汽车、航空航天、鞋类、牙科、教育、地理信息系统、土木工程、武器制造等领域广泛应用。

2. 3D 打印技术的原理

3D 打印机是 3D 打印的核心设备，品牌和型号多样，可适用不同领域的 3D 打印。3D 打印的工作原理类似于喷墨打印机，但是其所用的"墨"为塑料、树脂、金属等材料。一般来说，通过 3D 打印得到成品需要经历建模—分层—打印—后期处理四个主要阶段。

3D 打印出的成品往往存在模型瑕疵，如有毛刺或粗糙截面，需要进一步进行加工处理，并经固化、剥离、上色等，最终成型。

（二）3D 打印技术的教育教学应用

3D 打印技术在教育中的应用，最早出现在美国得州大学奥斯汀分校，在那里开发出了选择性激光烧结技术，但那时的设备既笨重又昂贵。随后，麻省理工学院的研究生们将非传统的物质应用于喷墨打印机，由此创造出了现在的 3D 打印技术。

3D 打印技术在教育领域的应用，使得教育教学更加接近实践，使现代教育进入一个新的发展阶段。

1. 3D 打印在创客教育中的应用

"创客"一词，源自英文单词"Maker"，最早由美国克里斯·安德森（Chris，A.）创造并提出，指那些出于兴趣、爱好将各种创意努力变为现实的人。

创客教育是一种注重学习者的创造性与创新性的培养的教育，其核心理念在于通过动手实践增强学习者的创新意识、思维、能力。

现阶段，欧美国家的许多学校都开设了创客课程，开发了创客空间，为学生提供了探索与创造性地学习的资源、环境和机会。美国的"明尼苏达星战"项目就是 3D 打印技术在创客教育中应用的典范。

2. 3D 打印在学科教学中的应用

3D 打印技术在具体的学科教学中的应用，主要与学科的特点有密切的关系。结合相关学科，具体分析如下：

在生物学科教学中，人体的内部器官难以观察，传统教学中，教师在向学生展示心脏结构的时候，如果只是展示心脏的图片，往往达不到预期的效果；在多媒体教学中，将心脏的结构与活动状态及其内部血液流动制作成视频，通过多媒体教学视频的展现，也不能完美地展现人体器官及其活动方式，需要学生大脑进行立体思维与画面重构。通过 3D 打印技术，将心脏的实物打印出来，学生可以体会到 3D 打印的过程，也可以更好地观察心脏的整体结构，相比观看图片、视频，实物更加直观生动。

在数学学科教学中，立体几何的教学对学生的抽象思维有较高的要求，传统教学中，教师多采用图片展示、视频演示或者画分解图等方式进行讲解，学习者缺乏直观的学习体验，难以在脑海中形成立体画面，不利于建立立体空间思维。利用 3D 打印技术，可制作几何模型教具辅助教学，在教学中可结合具体的教学内容进行切割、重组，可以让学生更加直观地感受立体空间，建立良好的空间感。

在地理学科教学中，3D 打印技术的教学运用可以清楚地解释地球构造、空间星球运转、地貌地势等学科知识重点与难点，更能加深学生印象，优化教学效果。

第二节　信息化教学模式的完善

在教学过程中，教学模式能为教师的教学活动开展提供一个框架性的理论参考，通过教学模式的选择，对教师合理控制整个教学过程的稳定性，重视教学内容结构的完善性建设具有重要的理论指导意义。教师对教学模式的选择和应用是教师教学能力的一个重要表现，良好的教学模式选择能为学生创造一个良好的教学环境，有助于促进学生的主动学习、改进师生关系，并可收到良好的教学效果。本章重点就教学模式相关理论内容进行分析，并结合教育信息化的发展对新时期的信息化教学模式选用与和谐教学环境创设进行研究探讨，以为教师的教学实践提供理论指导。

一、教学模式理论基础

（一）教学模式的概念

1. 模式

"模式"英文名为"model"，又称为"典型""模型""范例"等，是指某一事物所具有的标准形式或样式。西方学者认为，模式属于知识系统范畴。

2. 教学模式

教学模式，关于其研究较多，但目前学术界尚未有统一的概念认定，不同的学者对教学模式的理解不同，随着整个社会对教育教学的日益重视，更多的学者投入到教学研究中来，关于教学模式的概念研究也逐渐丰富和深入。

教学模式为教学活动的开展提供了一个可参考性的框架，使得教学活动能在既定的框架范围内开展，以节约教师的教学设计和活动安排时间，提高工作效率，并确保取得理想的教学效果。

（二）教学模式的构成

一个完整系统的结构组成并不是系统中单个要素之间的累加，而是系统不同要素按照一定的逻辑顺序和系统规则的有机结合，系统中的各要素之间建立了某种相互依赖的关系，使得整个系统具有不同的功能。一旦要素种类和内容，以及各要素之间的关系发生了变化，则要素构成的系统功能也会发生变化。虽然系统的结构是相对稳定、不轻易改变的，但是系统要素的改变会引起系统整体功能的变化。

教学模式也是这样一个复杂的、开放性的系统构成。教学模式的系统要素不同，模式的结构和功能也会发生一定程度的变化，每一个要素都会影响教学模式的整个系统功能的发挥和教学效果的实现，因此，应妥善处理教学模式系统构成要素及其相互关系。在进行各种教学模式系统要素的合理编排之前，应对各个系统要素进行全面的分析，这有助于最大限度地发挥教学模式系统的整体功能。对教育工作者来说，创建一个新的教学模式，首先要从宏观方面正确把控构成教学模式的各要素及它们之间的关系，通过优化不同要素，构建教学模式系统各要素的和谐关系，如此才能完成对教学模式的功能的最大化发挥。要素及要素关系处理是创建教学模式的重要前提。

就教学模式系统构成来说，构成该系统的要素具有多样性，是非常丰富的，包括教学思想、教师和学生、课程教材、教法学法、场地器材及结构程序等。这些要素相互匹配和配合，共同构成了一个完整的系统。教学模式系统构成要素具体分析如下。

1. 教学思想

教学思想对教学模式的构建具有重要的指导作用，具体体现在，不同时期的教学模式必然表现出不同的时代特点。

就我国教学思想的发展来说，我国教育与国家建设具有非常密切的关系，我国教学模式的构建目的是通过教学发展学生的劳动技能。之后，随着我国对外开放，教育领域也开始引入了一些新的教学思想，传统教学模式的构建目标发生了转变，我国的教育的重点开始放到"人"身上。进入 21 世纪以后，我国全面实施素质教育，同时，随着现代教学技术的不断发展，教学模式也在不断创新，微格教学、多媒体教学、网络教学出现并受到认可、重视。

2. 教学目标

教学目标是教学活动开展的重要依据，在整个教学系统中都处于非常重要的地位。在教学模式的构建中，教学目标是重要参考依据，教学模式的构建要围绕教学目标来进行，

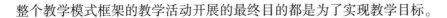

整个教学模式框架的教学活动开展的最终目的都是为了实现教学目标。

3. 教学操作程序

在教学模式系统中，操作程序是教学模式各要素活动的开展流程。在既定的教学模式中，教学流程是不能随意改变的。

构建教学模式，教学模式设计者应该在熟悉教学模式系统构成要素的特点和作用的基础上，围绕教学目标的实现，来合理安排各教学活动的开展步骤，使教学活动的开展能够逐渐深入地引导学生的学习，并在教师的引导下，表现出良好的学习兴趣和参与积极性，如此，随着教学活动的持续开展，一直到教学课结束，使学生顺利完成学习任务，并达到教学所要求的教学效果。

教学模式的各教学活动顺序安排有其特定的教育功能存在，不能随意更改。在教学中，由于所选择的教学程序和教学方法具有多元化、多样性等特点，因此，在教学过程中，教师必须深入理解教学模式结构特点，促进教学程序的合理安排，以实现教学过程的完善。如果教学中的教学活动顺序的操作不当，很可能影响教学活动的顺利开展，甚至还会引起不好的学习效果。

4. 实现条件

教学活动的开展需要一定的客观环境与条件作为支持。教学模式的实现条件，具体是指教学模式中的各种教学手段与策略，它是教学模式的重要构成要素。

结合教学实践活动的开展，教学模式实施的硬件条件对教学模式的选用和实施是具有重要影响的。以新体育技术在教学中的应用为例，多媒体教学需要多媒体技术支持、网络教学需要计算机网络技术支持。如果没有这些条件做支持，则不能实现教学活动的顺利开展，相应的教学模式也就无法选用和落实。

5. 效果评价

对教学模式在教学实践中运作质量的检验就是对教学效果的评价。对教学模式的科学评价，有助于发现问题，并促进教学模式的进一步完善。

对教师来说，教学模式的应用效果的科学评价，有助于教师时刻反思教学过程，在改善教学关系、完善教学环境、提高教学质量方面多做功课，不断发现问题、强化教学效果。

对学生来说，通过教学评价可以促进教师重视学生，学生是教学的主体，对于整个教学过程的开展来说，都应该围绕学生展开，而培养和增加学生的学习兴趣是促进学生主动投入到学习、有效提高学生学习效率的重要途径与方法。这是教学模式评价的重要意义之一。

对教学活动开展来说，教学模式的应用效果的科学评价，有助于发现教学组织中不妥的地方并予以改善，以确保各项教学活动能顺利有序开展。

某一个教学模式的应用是否成功，应该有自己的评价标准和方法，针对不同类型的教学模式的评价，在标准和方法方面都应体现出教学模式特点，简言之，就是要做到评价具有针对性，同时，应注意对教学模式的多元化、客观评价。

6. 效果反馈

一堂课的教学，教学效果必然有好有坏，教师及时准确地掌握教学效果有助于其总结经验，科学实施此后的教学，这就要求教师客观准确地了解教学效果反馈，一般来说，体育教学效果的反馈过程有两种模式，即正反馈和负反馈。具体如下：

第一种反馈——正反馈：通过教学实践，教学模式有好的反应和结果，该反馈结果的总结有助于优化当前的教学模式，促进教学质量的进一步提高。

第二种反馈——负反馈：通过具体教学模式的实施，收到了不好的教学效果，教师应该找出教学模式实施过程中的问题，并吸取教训，进一步完善教学模式（要素及其关系）。

（三）教学模式的功能

1. 解释、启发、指导功能

教学模式对教学实践活动的开展具有解释、启发、指导功能。

教学活动是复杂的，而简明性是教学模式的显著特点之一，教学模式的简明性决定了教学模式对教学实践活动的高度归纳、概括和简化功能。教学模式通过简洁明了的方法来解释相当复杂的现象，教学模式简明地表现出相关理论和要素结构，并对各要素关系、效果、目的进行解释，使教师能更清楚了解整个教学活动与内容安排。

现代教学模式多有具体的教学模式流程图设计，是对一般教学的一种"提纲挈领"的概括，通过简要的图示和文字描述表示，能对教师的教学有所启发。

教师通过对教学模式的选择，为教师各项教学活动的开展提供了一种基本操作框架，能对将要开展的教学活动的组织和实施有一个大体的了解，有利于节约教师对教学活动组织的思考和实践论证时间，便于教师结合教学模式框架快速设计、建立教学活动体系，可有效提高教学工作效率。

2. 中介功能

教学模式是教学实践与教学理论的纽带，具有中介功能，具体表现如下：

（1）教学模式指导教学实践活动，使教师能深层次思考教学问题。

（2）教学模式能为教师的教学实践活动开展提供操作程序和方向指导。

3．调节功能

教学模式是对教学实践活动开展的一种高度概括，这种概括性使得教学模式能适应具有一定变化的教学活动内容及管线，表现出稳定性。同时，教学模式的稳定性还体现在一段时期内，教学模式是固定不变的。

教学模式的概括性与稳定性有助于教师在教学活动开展过程中，对各种不同的教学活动的安排灵活处理，在教学实践过程中，只要是在教学模式指导之下的，确保教学模式的程序、结构不发生变化，则可以对教学实践活动进行适当的调节，如果某一种教学模式没有达到预先制定的教学目标，就需要具体分析教学模式操作过程中的各个环节与因素，分析其原因，提出解决对策，以使教学活动更加科学、合理。

4．预测、反馈功能

教学内在规律及逻辑关系是教学模式的基础。同时，教学模式是固定的，教学活动是开放性的，具体的教学模式的实施所取得的实际教学效果是一种良好的教学效果反馈，有助于教师总结经验，改善教学。教学模式的预测、反馈功能表现如下：

（1）在教学过程中，如果没有达到预期的教学目标，说明实际与预测存在一定的差距，需要进行合理、正确的调整。

（2）在教学过程中，如果达到了预期的教学目标，说明与事先的预测是相吻合的，证明教学理论与教学实践是相统一的。

（四）教学模式的选择与应用

1．教学模式的选择依据

（1）教学对象特点

在选择教学模式之前，教师必须对教学对象——学生的特点进行分析，以便结合教学对象选择与其年龄、性别、认知特点相符的教学模式。分析教学对象，应重点了解教学对象的以下几个特点：

①教学对象的生理特点

不同年龄学生的大脑发育水平不同，因此，可导致认知的不同，在教学模式选择上和教学活动安排上，应充分考虑学生的认知特点。

此外，特殊学科的教学，如体育教学，以开展身体活动练习为主要方式，在教学模式选择和应用上，更应该对学生的身体情况有一个较为全面的了解，就不同阶段的学生的生长发育的规律和特点进行充分的了解，如此，才能在教学实践中更有针对性地安排教学内容，才能真正促进学生的身体正常发育、健康发展。

②教学对象的心理特点

教学具有实践性和表现性等特点，对于学生的心理发展程度有一定的要求，在教学前，教师应全面分析学生的心理特点，如个性发展特征（兴趣、性格、能力等），情感、情绪特征，注意力和意志的发展特征，思维特点，等等，以更有针对性地选择最佳的教学模式，并在教学实践中，结合学生的心理变化适时地调整教学。

③教学对象的社会特点

教学是教师与学生共同参与的双边活动，鉴于人的社会属性，教学活动也具有一定的社会性特征，整个教学活动中，教师和学生构成了一定的"社会关系"，不同教学活动的开展，可以为学生提供较好的社会模拟场景，需要学生扮演不同的角色，客观上促进了学生的社会化，学习的过程也是学生社会化的过程。

选用教学模式应注意对学生的社会特点的分析，应重视分析学生的人际交往、社会行为、社会角色意识、价值观念、团队精神、竞争意识等，并有针对性地安排教学活动，促进学生的社会适应能力的良好发展，实现教学的社会教育目的。

（2）教材内容特点

教学模式的选择应充分考虑教学内容特点，教师在选用教学模式之前，只有熟知教学内容，才能选出更有利于教学内容展现、传播的教学模式。

教师对教材内容特点的分析具体如下：

①分析教材内容背景，包括产生和发展的文化背景。

②分析教材内容的优缺点，根据教学目的科学选择有针对性的教学内容。

③分析教材内容的功能（显性功能和潜在功能），以便更好地促成教学目标的实现。

（3）教师的专业水平

教学模式的选择的一个重要依据是教师的专业水平，教师的专业水平不同，对教学模式的把握程度不同，教学实践效果也不同，教学模式的选择应在教师的教学能力控制范围内，并能通过教学模式选择，突出教师教学的风格、特点，优化教学效果。

（4）学校的具体条件

教学模式的实施对教学条件具有一定的要求，如果缺乏必要的教学条件支持，则教学模式就不能很好地实施。因此，教师在选用教学模式时，还应充分考虑所能使用的客观教学条件与环境。

2. 教学模式设计与选用

结合教学模式的选择依据，最终明确教学模式，并选出最佳教学模式。具体设计步骤如下：

（1）明确指导思想

以教育相关理论为依据，确定教学模式设计的总体思想，使教学模式更突出主题思想，并具有理论基础。

（2）确定建模目的

在明确指导思想的基础上，确立建构教学模式所达到的目的。

（3）寻找典型经验

在完成第一步的基础上，通过调查研究，寻找与建模思想、目的相符的典型原型作为案例。

（4）抓住基本特征

分析案例，概括其特征和过程。

（5）确定关键词语

表述教学模式的关键词。

（6）简要定性表述

简要表述教学模式定性。

（7）对照模式实施

对照这一教学模式具体实践教学，进行实践检验。

（8）总结评价反馈

通过教学实践验证，对实践检验的结果进行归纳总结，结合教学实践修正教学模式，并反复实践以不断完善教学设计模式。

3. 教学模式物质条件准备

教学活动的开展需要一定的物质条件支持，在开展教学活动之前，结合具体教学模式的客观要求，应提前做好实物设置工作，为接下来的教学做好准备。教师进行教学实践的相关实物设置，应为教学模式中具体教学问题的提出、教学情境的设置做好充分的准备。此外，教师在教学实践活动中，还应充分利用现有的教学资源，对教学活动中可能使用到的工具、器械等进行加工和创造，以进一步优化教学效果。

4. 教学模式的实施与完善

经过前期准备，可以就选择的教学模式应用于教学实践，指导教学实践活动的开展。

在教学模式实施过程中，受主观和客观等因素的影响和制约，总会遇到这样或那样的问题，教师应结合教学实践对教学模式进行适当调整、修正，以使教学模式与教学实践更加相符，更好地发挥教学模式的作用，同时，也促进教学模式的不断完善和教学效果的更加优化。

二、传统课堂教学模式

在教育信息化技术出现之前，国内国外的教学活动都是在"黑板、讲台、课桌椅"的教学环境中进行的，这种传统的教学模式在学校教育中持续百年，即使是在教育信息化高度发展的现在依然在教育领域发挥着重要作用、占据重要地位。传统课堂教学模式与现代教学模式相比存在不少缺点和局限性，但是，传统课堂教学模式与信息化教学模式并非对立的关系，二者共同应用于教学实践，促进教学的发展。下面主要就常见传统课堂教学模式进行分析。

（一）小群体教学模式

小群体教学模式是在教师的指导下，把学生分成若干个学习小组，同组学生之间通过互动、互助、互争，在激励机制下促进学生完成学习的教学模式。通过集体教学，旨在发挥教学中促进学生间交流的社会性作用。

1. 小群体教学的指导思想

（1）教育应培养学生的良好品质。

（2）教育教学应重视学生的整体发展，强调注意力集中，要求团结、互助。

（3）教学应体现竞争性与合作性，教导学生学会合作与竞争。

（4）教学应重视学生的社会性发展，提高学生的社会适应能力。

2. 小群体教学模式的优缺点

（1）优点

小群体教学模式的"群体性"，有助于增强学生的学习积极性，有助于培养和增强学生良好的团队意识、协作能力、表达能力、交际能力。

（2）缺点

学生的社会性素质的培养需要花费的时间较长，故而教学模式的实施可能会占用较多的课上知识的学习时间。

3．小群体教学的适用条件

（1）学生有团队意识和协作能力。

（2）教学条件好，器材设备充足。

（3）教师的教学能力好、教学经验丰富。

（二）快乐教学模式

快乐教学最早是在日本提出并试用的，随后在全球推广。快乐教学模式充分尊重了学生在学习过程中的快乐学习体验，是对学生在教学中的主体地位的一种肯定。

1．快乐教学的指导思想

（1）重视学生学习兴趣的培养与调动。

（2）从情感教学入手，强调勤学、乐学。

（3）关注学生在教学中的主体地位，强调教育的"以人为本"。

2．快乐教学的模式优缺点

（1）优点

快乐教学模式强调教学活动安排为学生创造一个轻松愉快的教学环境，强调对学生的学习兴趣和主动性的调动，能促进学生学习的持久和学习习惯的养成。

（2）缺点

快乐教学模式中，在对教学内容设计、选择方面，更注重学习乐趣。因此，往往会选用较为浅显、易懂的教学内容，可能导致教学内容单一，不利于学生的发展性学习。

3．快乐教学的适用条件

（1）教师具有较为丰富的教学实践经验，善于开发运动项目的独特灵活的教学方法。

（2）教学内容难度较低，容易被学生接受。

（3）学生有一定的知识基础和组织创新能力。

（4）教学场地、器材能充分满足教学活动。

（三）成功教学模式

成功教学是一种新型教学模式，它充分强调了学生在教学中的主体地位，注重学生在教学过程中通过努力获得学习成就的"成功"体验，有助于提高学生的学习兴趣、学习自信与学习的积极性、主动性。

1. 成功教学的指导思想

(1) 创造和谐、温暖的学习环境。

(2) 关注学生学习效果。

(3) 重视相对评价与绝对评价。

(4) 重视合作与竞争的统一。

(5) 强调学生学习过程中努力的重要性。

2. 成功教学模式的优缺点

(1) 优点

成功教学模式重视学生"成功感"的获得，有利于学生认识自己，鼓励学生"刻苦"学习，并通过自身努力完成学习目标，促进学生能更积极地投入下次学习。成功教学模式的实施过程中，在教学评价方面，教师以激励性评价为主，可帮助学生建立学习自尊、自信。

(2) 缺点

成功教学模式的教学组织工作难度较大，教学内容和方法选择难，很难做到适合所有学生，对不同学生来说，他们的学习能力不同，因此，在学习目标设定方面存在一定的差异，如果目标设置较高，较难实现，会打击学生的学习自信，如果目标设置较低，又不能满足学生的成就感。

3. 成功教学的适用条件

(1) 适宜分组教学，各组确定与学生学习水平相符的学习目标。

(2) 教学条件好，有充分的教学资源支持各项教学活动的开展。

(3) 教师教学组织、管理能力好。

(四) 发现式教学模式

发现式教学模式，是指通过教师的指导，要求学生能够独立研究和发现事实和问题，以提高学生学习的主动性，加深学生的学习记忆，巩固知识与技能的教学模式。

1. 发现式教学的指导思想

(1) 教学应以学生为中心。

(2) 教学应重视调动学生学习主动性。

(3) 教学应重视发展学生思维。

(4) 教学应强调情景设置，重视引导学生发现、探索、创新。

2. 发现式教学模式的优缺点

（1）优点

发现式教学模式，重视针对教学问题的教学情境设置，能很好地将学生引入教学情境中，并激发学生对问题的分析、探索、思考，有助于提高学生的自主学习能力、创造创新能力。

（2）缺点

发现式教学模式强调对学生的自主学习能力的开发，需要较长的教学时间投入，可导致课堂教师教学知识点讲解、教授时间的减少。

3. 发现式教学的适用条件

（1）学生具有一定理解能力、知识基础。

（2）教师具有较高的教学水平与经验，善于运用灵活的教学方法、教学组织形式等来设置问题情景。

（3）教学学时充足。

（五）领会式教学模式

领会式教学旨在解决教学过程结构的改造问题，重视学生对教学内容的认知和教学的难点、重点的把握，在教学内容方面，倡导应先尝试，后学习，教学顺序应结合具体教学需要，进行分解、完整的顺序调节，教学活动开展应促进学生全面掌握知识、技能。

1. 领会式教学的指导思想

（1）教学内容应先尝试，后学习。

（2）教学活动开展应促进学生全面掌握知识、技能。

（3）教学的顺序应结合具体教学需要，进行分解、完整的顺序调节。

2. 领会式教学模式的优缺点

（1）优点

领会式教学模式强调让学生在实践中去发现问题，有助于激发学生的学习兴趣和学习动机，有助于学生对学习内容的整体把握，有助于引导学生思考，帮助学生完善学习思维，提高学习效率。

（2）缺点

领会式教学模式的教学组织多教学游戏、教学竞赛，因此，对教师的教学组织能力和学生的知识水平要求较高，如果教学组织不当，可能导致教学秩序混乱。

3．领会式教学的适用条件

（1）学生有一定的理论知识基础。

（2）学生有一定的思考能力，有探索意识。

（3）教师有良好的教学氛围和适宜的教学方法。

三、师生教学 APP 互动

（一）信息时代教学 APP 的应用现状

信息化社会，微课、电子图书、视频公开课、在线教学、虚拟学习社区、网络教学平台等为学生自主学习提供内容保障。各种教学 APP 不断在教育领域充分发挥着其教学促进作用。

教学 APP 的出现是教学技术进步的结果，各种内容精良、设计合理的教学 APP 为学生自主学习提供便捷服务，增强了学生的成功体验。同时，还能满足不同学生的个性化差异化需求，激发其学习兴趣，如"速算盒子" APP 通过设置关卡让学生闯关学习，有效提高了学生的学习积极性与学习成功体验。

目前，在教育市场上，也有很多商家嗅到了商机，推出了各类教学 APP，在全社会都重视孩子教育的背景下，几乎每个家长的手机上都有至少一个教学 APP，不管是学校推荐使用的教学 APP，还是家长自己下载的教学 APP。互联网和通信技术高度发达的现阶段，各种教学 APP 数量多、种类杂，良莠不齐。一些教学 APP 缺乏专业理论基础引导，存在很多问题。

（二）教学 APP 应用中的师生互动

数字化教育装备是未来教育发展趋势，数字化教育下，教学 APP 的使用对教师的"教"和学生的"学"的效率和质量都有一定的促进作用，教师与学生借助于教学 APP 的线上联系增多，拓展了师生交流的时间与空间，师生互动更加频繁。

目前，我国的各类教学 APP 大都非常注重趣味性和交互性，能实现针对性的交流，有形式丰富的功能、有趣的作业形式，能够细致地实现教与学过程中的教师、学生、家长之间的直接交互和潜在交互，能及时解决部分同学羞涩于直面老师的问题，同学之间也可以将小组讨论转换为课后线上小组讨论深度交流。

教学 APP 对于促进师生之间的互动与交流的作用是显而易见的，但是，也存在一个"交流过度"和"强迫交流"的问题，例如，规定学生的每天登录教学 APP 的时间，要求学生每天固定时间"打卡"，在教学 APP 上公开作业成果进行学生之间的对比（或比拼）。这些强制性交流，会导致学生产生一定的心理压力，会在学生的学习促进上起到适得其反的效果，容易引起学生的反感心理。

　　总之，教学 APP 的诞生和教学应用，为教师与学生之间的沟通提供了更多一种方式的选择，如何选择高质量教学 APP，并能很好地利用好教学 APP 的师生互动方式，还需要教师结合教学规律和学生特点科学应用。

第六章 信息化教学资源的管理

教育信息化的发展使得许多教育资源以数字化的信息形式存在，对于这些信息的合理处理是确保教学活动顺利开展的重要基础。对于教育工作者来说，应该熟悉、重视并掌握信息化教学资源的管理；作为一线教师，在教学设计和教学活动操作过程中都会涉及信息化教学资源的处理工作，更应重视提高自身的信息化教学资源管理能力。

第一节 教学资源理论基础

一、教学资源的类型

（一）教学物力资源

物力资源，早期是经济领域的一个概念，后应用到其他各个行业和领域。物质资源是人类社会生存和发展的基础。

一般认为，物力资源是人类社会经济活动所依托的所有客观存在物的总和。一切有关物力资源的研究，都要立足于最初由自然界所提供的物力资源。

教学物力资源，是专门用于教学活动及其相关方面的客观存在的各种资源。管理者通过一定的方式，来对学校教学物力资源进行整合、分配、使用。

教学物力资源管理，就是在开展学校教学活动过程中，管理者对所用到的物质资料（场地、器材、设备、教具等）进行协调，以确保教学活动的顺利开展。

对教学物力资源的管理，主要包括以下几个方面：

1. 教学场所使用管理

（1）使用时间管理

①上课时间安排。

②课外活动时间安排。

（2）使用管理制度

①必须遵守开放使用时间安排，上课时间不得擅自进行非教学活动；课外活动时间经批准后可以对外开放，使用应遵循相关使用规定。

②教学场所应保持好良好的卫生，严禁随地吐痰、乱扔果皮纸屑。

③每个教室的工作用途未经许可不得随意变更，未经许可不得挪为他用。

④特定教室，如多媒体教室，室内的固定教具、器材、设备，未经许可不得随意拆卸和挪用。

⑤有违反使用要求和规定者，要做罚款处理。

2. 教具、器材与设备的管理

（1）根据教学需要分配教具、器材与设备，多媒体的相应的器材设备应安装在固定的位置，方便教师教学，并进行调试，确保可以正常使用。

（2）教具、器材与设备应摆放、固定在相应的位置，根据相应的标准进行分门别类存放。

（3）教具、器材与设备应随时保持整洁。进行卫生工作时，要求仔细清理。室内应通风条件好，减少细菌的传播，以保证师生身体健康。

（4）教室内应标注学校技术人员的维修、维护联系方式，以便出现问题后及时调试修理。

（二）教学财力资源

财力资源，是进行一切活动的重要基础；如果没有资金，则相应的活动就无法正常开展。

在教育领域内，可以简单地将教育资金理解为，专门用于发展教育事业的人力和物力的货币表现。根据不同的标准，可以对教育资金进行不同的划分，即其具有多种不同的形式，其中，以使用性质为依据，将教育资金分为教育事业投资和教育基本建设投资；以教育资金的使用去向为主要依据，分为教育投资、教育科研投资。

在学校教学中，教学财力资源主要是指用于教学活动中的各种资金资源。学校对教学财力资源的管理主要体现在学校在进行资金预算安排和资金使用方面。为确保教学活动的正常开展和学校教育的长期可持续发展，学校教育管理者必须不断增加对教学活动、科研经费的投入，以满足教育培养人才所需要的教学环境和资源条件的客观要求。

学校教学财力资源的管理包括以下基本工作：

1. 教学经费的预算

学校财务人员应该按年度对教育的各项经费进行收支预算，学校教学经费的支出是一项非常重要的财务管理工作。教学部（室）在对教学经费的使用与管理方面，应当在遵循勤俭节约原则的基础上，以财务管理的规定和权限为主要依据，履行相应的报批手续，严格执行国家和学校制定的财务制度与经费使用办法。

2. 教学经费的收入

我国重视教育事业的发展，在学校教育方面持续投入教学资金，支持学校的硬件设施和软件环境的建设，以确保学校有一个良好的教学环境。当前，学校教学经费的收入渠道有很多，主要有如下几种：

（1）事业拨款

事业拨款是学校教学经费的主要来源，具体是指从教育行政部门按学生人数下拨的教育事业经费中用于教学的比例部分的资金。这一资金来源在学校教学经费中占据较大的比例。

（2）社会集资

通过赞助实现，具体是指学校或教学部（室）通过举办社会教学活动、教学展演等所筹集到的社会赞助。

（3）学校筹措

学校内部在创收、校办产业等方面的收入，如教师的奖福经费、课时酬金补贴等。

（4）自行创收

这是学校教学经费来源新渠道，通常，由教学部（室）通过合法的手段向师生和社会人员提供有偿服务获得。

3. 教学经费的支出

在学校教学、训练、科研等活动过程中，需要进行经费投入的地方有很多，其中较为重要的有以下几方面：

（1）专项建设费用。

（2）体育维持费用：正常教学的维持，教具、教学器物器材维护等。

（3）器材设备费用：购买大型的教学设备。

（4）办公费用：主要用于学校教学管理机构的日常办公。

（5）其他费用：用于学校教师和行政后勤人员的酬金补贴和后勤经费。

（三）教学人力资源

教学人力资源有广义和狭义之分。广义的教学人力资源是指教学系统内部和外部所有能够推动教学发展的智力劳动者和体力劳动者的劳动力总和，是教学系统内部和外部所有能够推动教学发展的从事智力劳动和体力劳动的人的总称。狭义的教学人力资源是指教学系统内所有接受过专业的教育培养、能够推动教学发展的专业人员的劳动能力的总称，包括教师、学校其他教育工作者。

教学人力资源管理，指对学校教学人力资源的选拔、培养、使用等方面进行有效地整合，使人才的价值得到充分地发挥，从而实现组织目标的过程。

1. 教学人力资源管理目标

教学人力资源管理应明确以下管理目标：

（1）最大限度地满足组织对人力资源的需求。

（2）最大限度地开发组织内部和外部的人力资源，促进教学持续发展。

（3）维护与激励组织内部的人力资源，最大限度地发挥其潜能，进一步提高和扩充教学人力资本。

2. 教学人力资源管理内容

（1）现实的学校教学人力资源，具体是指正在投入劳动过程中的，并对学校教学的发展产生贡献的劳动能力，如在职的教师、教练员、教学科研人员、教学活动管理人员等。

（2）潜在的学校教学人力资源，具体是指由于受到某些原因的限制而不能直接地参加特定的劳动，需要经过人力资源的开发等过程才能形成劳动能力，如教育师范院校的学生。

（3）闲置的学校教学人力资源，具体是指"求业人口"或"待业人口"的劳动能力，如下岗后等待安置的教师、待业师范类大学毕业生等。

二、数字化教学资源的管理

（一）数字化教学资源的来源

当前，数字化教学资源主要有三种来源：

1. 现有教学资源的数字化改造

在我国数字化教学资源的发展过程中，我国的教学资源主要是对传统教学资源（印刷品、音像制品）的数字化改造，如中国基础知识设施工程 CNKI 对知识文献的数字化处理，中国基础教育知识仓库 CFED 对基础教育知识文献的数字化处理，等等。

传统教学资源数字化改造的具体方法如下：

（1）将图片和文字材料通过数码技术，如数码相机、数字扫描仪，转化为可在计算机上加工、处理、传输的数字化教学资源。

（2）将音像教材通过相关设备和计算机应用软件进行数字化改造。

2. 师生创作的电子作品

师生创作的电子作品是在数字化学习环境中产生的一种新型教学资源，具体包括以下三种类型：

（1）基于学生作业的电子稿的展示型作品，教师将其发布到网上供其他学习者观摩学习。

（2）师生交流作品集。

（3）教师对学生进行评价的作品集。

3. 由专业人员开发建设的资源

随着数字化技术处理的不断发展，在现场教学实践中，教育工作者，尤其是一线教师由于教学工作繁重，还要从事科研工作，因此，在教学资源数字化处理方面存在经验不足、能力有限等问题，这就需要专业人员开发建设数字化教学资源。

（二）数字化教学资源的管理形式

1. 对数字化教学资源进行查、录、删、改等。

2. 输入资料：单个资料的随机输入、大量资料的批量输入。

3. 支持单键查询功能。对文本素材确定索引关键词；其他类型的素材，以布尔逻辑查询所有类型匹配的属性字段；对于不同子类型的素材，应能自动适应其特殊属性（出现并加入检索项）。

4. 素材检索引擎功能还应包括布尔查询功能、关联查询的段落定位查询、精确查询、模糊查询并支持通配符。

5. 多媒体素材应集成多媒体音频影像查询技术，如可自动选择关键帧，用于预览或建立索引，以便查询。

6. 建立导航及检索预览功能。

7. 建立素材的远程提交功能。

8. 明确相关素材的显示功能。

9. 建立评论输入及显示功能。

10. 支持多文件压缩下载功能。下载多个资源，自动压缩成可解压文件。

11. 提供内容传输管理。支持多媒体上传和下载，并确保安全、稳定。

12. 实现与其他资源库系统间数据的批量导入/导出功能。

13. 提供与第三方应用程序的接口。

第二节　数字化教学资源的获取

一、数字化教学资源的检索

数字化教学资源是指经过数字化处理，能在多媒体计算机及网络环境下运行的多媒体教学材料。对于计算机网络教学资源的检索，首先要了解搜索引擎的使用，然后借助搜索引擎精准查询与检索相关资料。

（一）搜索引擎

1. 搜索引擎概述

搜索引擎，是一种计算机程序，通过从互联网上搜索信息并对信息进行组织与处理后提供给用户的一种信息检索服务。

2. 搜索引擎工作原理

搜索引擎的资料搜索工作的完成包括三个基本工作环节：

（1）在互联网中发现、搜集网页信息。

（2）对信息进行提取和组织建立索引库。

（3）由检索器根据用户输入的查询关键字，快速检出文档并排序反馈给用户。

（二）网络教学资源检索

这里主要以百度搜索引擎为例，对网络资源的检索过程与方法具体分析如下：

1. 启动浏览器并打开搜索引擎界面

（1）启动 IE 浏览器。

（2）输入网址。在地址栏中输入网址（域名）www. baidu. com，按回车键打开百度搜索引擎主页。

2．网络资源查询

以"教学"为关键词，不加其他任何限定，可在百度搜索引擎上返回的结果有千万条。因为查询结果太多，从中找出所需要的信息往往具有一定难度，检索命中率不高，这就需要在检索互联网信息资源的过程中掌握一定的检索技巧。

3．网络资源检索技巧

（1）使用布尔逻辑功能检索

使用布尔逻辑功能，对网络信息资源的检索有以下几种方法：

①逻辑与：AND／＊

检索信息时，要求只有 AND 或 ＊ 前后的两个提问关键词全部出现时，所检索到的结果才算符合条件，由此可大大缩小检索范围，例如，信息化 AND 教学资源。

②逻辑或：OR／＋

检索信息时，运用运算符"OR"或"＋"，即只要"或"前后提问的关键词中有任何一个出现，均算有效检索，这种方法用于扩大检索范围，以防漏检，例如，信息化 OR 教学资源。

③逻辑非：NOT／－

检索信息时，表达检索词间的排除关系，搜索结果中不应有"NOT"后面的关键词，目的是缩小检索范围，例如，信息化 NOT 教学资源。

（2）搜索关键词的选择技巧

关键词，即输入到搜索框中的文字，关键词的内容非常广泛，可以是人名、网站、新闻、小说、软件、论文、游戏等。对文献主题无实质意义的，如冠词、介词、连词、某些形容词等，则不能作为关键词使用。

（3）专用语查询功能

用句子做关键词，必须加英文引号（注意：词组或短语不宜过长）。

（4）搜索范围限定在网页标题中——intitle

网页标题可起到提纲挈领式的归纳作用，检索格式为关键词 intitle：关键词。例如搜索"信息化教学资源 intitle：教学资源"（冒号在英文状态下输入），则搜索引擎就只会在所有标题中包含"教学资源"这个词的网页中，查询出了"信息化教学资源"这个关键词的结果，这样的检索的查准率更高。

（5）搜索范围限定在特定站点中——site

如果用户知道某个站点中有自己需要找的信息，就可以限定在该站点中搜索信息，使用的格式为关键词 site：站点域名。例如，在国家教育资源公共服务平台中检索与"信息化"相关的内容，可以使用"信息化 site：www. eduyun. cn"来检索。

二、数字化教学资源的下载

数字化教学资源内容丰富，不同类型的教学资源下载方法和技巧不同，通过网络资源下载，可以实现将互联网或者其他计算机上的信息保存到本地计算机上。只要是获得本地计算机上所没有的信息的活动，都是一种下载活动。

（一）文本教学资源下载

1. 网页文本

网页是由多种元素组成的，包括文字、图片、动画等，对网页上的文字进行下载，是一种非常常见的下载形式。

（1）"复制" | "粘贴"法

具体的文字下载路径为：打开网页→拖动鼠标选中文字→右击→选择"复制"命令，然后打开记事本或 Microsoft Word→"编辑" | "粘贴"命令或右击选择"粘贴"命令。

（2）破解禁止下载

在网络信息检索中，常常会发现有些网页文字不能直接使用鼠标选中，或者不支持右键快捷菜单，针对这种情况，可以采用查看源代码或禁用活动脚本的方式下载。具体操作程序如下：

①查看源代码。打开网页，选择"查看" | "源文件"命令，在打开的记事本文件中选取所需文本，再粘贴到所需位置保存即可。

②禁用活动脚本。打开网页，选择浏览器菜单栏中的"工具" | "Internet 选项"命令，在弹出的对话框中切换至"安全"选项卡，单击"安全级别设置"区域中的"自定义级别"按钮，在弹出的对话列表框中找到"活动脚本"，设置为"禁用"，单击"确定"按钮，回到网页界面，刷新网页，即可采用"复制" | "粘贴"法复制文本。

2. 期刊论文

通过互联网可以了解世界上最新的科研动态，要想深入了解学术内容，可以下载期刊论文电子文档进行阅读。目前，我国最大和最具权威性的学术论文网站是中国知网（www.

cnki. net)，以"中国知网"为例，期刊论文的下载方法与程序简析如下：

（1）安装阅读器

中国知网提供的电子期刊论文格式一般为 CAJ 或 PDF 格式，首次下载论文，用户应先安装这两种文件的阅读器。

（2）进入检索界面

通过"中国知网"的域名 www. cnki. net 直接进入中国知网主页（须付费下载）。

（3）输入检索条件

在搜索框，输入所需要查找的学术资料的关键字，点击搜索检索资料。检索方式默认为标准检索。用户可以根据需要选择"高级检索""出版物检索"等，还可以结合检索分类，选择相应分类项，以缩小查找范围。

（4）全文下载

得到检索结果后，找到所需文章，单击篇名，进入下载页面，单击"CAJ 下载"或"PDF 下载"链接，下载并保存到本地计算机。

（二）图像教学资源下载

1. "图片另存为"

选中网页中的图形图像，右键弹出快捷菜单，选择"图片另存为"命令，将图片保存到本地计算机所需位置。

2. 抓图

如果图片下载后不需要保留原图尺寸大小和分辨率，可用抓图软件截屏保存图片，如 SnagIt、All Capture 等。

（1）用键盘直接抓图

在没有抓图软件的情况下，可以直接利用 Windows 系统中的剪贴板，通过快捷键的操作进行抓图。

①Print Screen：复制当前屏幕上的内容。

②Alt+Print Screen：复制当前屏幕上的活动窗口。

（2）用工具软件截取屏幕图像——SnagIt

SnagIt 共提供了四种捕获模式，包括图像、文字、视频及网络捕获。在已经登录了 QQ、微信的情况下，通过软件截图功能可以抓取获得任何图像。

（三）音频教学资源下载

在网页中，一般包含三种音频资源：第一种是直接以链接形式出现，可使用浏览器下载或任何一款软件下载工具下载；第二种是网页中的隐含音频进入网页会听到音乐，但网页中没有直接给出音乐地址；第三种是以流媒体形式提供的音频资源。

1. 单击"下载"

针对有下载链接的声音文件，可以直接单击"下载"按钮下载。

2. 在 Internet 临时文件夹中查找

针对网站中只能在线试听的声音文件，可以在 Windows 7 等操作系统的临时文件夹中查找。具体方法为，打开声音文件所在页面并缓冲浏览声音文件，等缓冲完成后在 IE 浏览器中单击"工具"｜"Internet 选项"，在"常规"选项卡中单击"浏览历史记录"下的"设置"按钮，单击"查看文件"，文件排序，即可找到目标音频文件。

3. 通过音乐播放器客户端下载

打开音乐播放器，根据歌手或者分类，在搜索框输入关键字搜索音乐，选择要下载的歌曲，单击"下载"按钮，下载到本地计算机。

（四）视频教学资源下载

1. HTTP 方式下载

对于提供"下载"按钮的视频文件，可直接单击下载保存到本地计算机所需位置。

2. 维棠下载

对于一些不提供下载链接的视频文件，可以通过"维棠 FLV 视频下载软件"来下载。

（1）下载并安装维棠视频下载软件。

（2）单击"新建"按钮，在弹出对话框中将"视频网址"设置为要下载的视频所在网址，并指定视频下载后存放的路径。

（五）软件下载

1. HTTP 方式下载

以 HTTP 方式提供软件下载的网站有国外的 http//www. download. com，国内的天空软件站（http：//www. sky. com）、华军软件园（http：//www. onlinedown. net）等。具

体下载方法如下：

（1）"目标另存为"

在浏览器中，右击某个软件的下载链接，弹出快捷菜单，选择"目标另存为"命令，选定保存位置并输入文件名，即可下载。

（2）直接单击下载链接

此法和"目标另存为"思路相似，直接单击，后面操作与"目标另存为"相同。

2. 用迅雷等工具下载

下载网络上的软件，可以通过专业的下载软件下载，如迅雷、网络蚂蚁、快车等，它们断线后无须重新下载（可接着上次下载内容继续下载），这是目前使用较多的下载方式。

3. 解压缩

从网络上下载的资源，大多数是压缩文件，以 RAR 或 ZIP 格式保存。要想打开这类文件，需要使用解压缩软件，这里重点介绍压缩/解压缩软件 WinRAR，其他类似软件操作方法与 WinRAR 相似。WinRAR 的使用方法如下：

（1）下载（购买）并安装 WinRAR。

（2）解压缩：右击一个文件或文件夹，在弹出的快捷菜单中选择"解压到……"命令，开始压缩，稍后就会出现一个和当前文件同名的文件夹，即解压缩后的文件夹，其中包括了下载的网络资源。

第三节　图像与音视频的编辑加工

一、图像编辑

（一）图像的格式

计算机绘制图片会生成不同的格式，不同格式的图像各有特点，它们之间可以相互进行格式转换，以便于能在不同的图片编辑软件上进行编辑处理。

（二）常见图片处理软件

图片编辑，即对图片进行处理、修改。常用的图片处理软件有彩影、Photoshop 及开源的 GIMP 等软件。下面主要对用 Pho-toshop 处理图片进行简单介绍。

1. 新建和存取

（1）打开文件

打开一幅已有的图像。有三种方法：第一种方法是执行"文件"｜"打开"命令，第二种方法是按（Ctrl+O）组合键，第三种方法是双击 Photoshop 桌面。

（2）创建新文件

执行"文件"｜"新建"命令或者按（Ctrl+N）组合键，出现"新建"对话框。输入新文件名，设置图像的宽度、高度、分辨率和颜色模式、背景色。最后单击"确定"即可得到一个新图像。

（3）保存图像

执行"文件"｜"保存"命令或者按（Ctrl+S）组合键，打开"存储为"对话框，单击"保存在"下拉列表，选择保存位置，输入新文件名，选择图像文件格式，单击"保存"即可。

2. 图像的旋转、变形与裁切

（1）选区旋转和翻转

选择一个范围，执行"选择"｜"变换选区"命令，改变选区大小、位置和角度，然后在"编辑"｜"变换"子菜单中选择旋转和翻转的命令。

（2）选区自由变形

执行"选择"｜"变换选区"命令，调整选区的大小、位置、角度，变形。

（3）裁切图像

在工具箱中单击裁切工具，拖动鼠标选择裁切区域，双击裁切区，或按 Enter 键。

3. 图像的调整

（1）大小调整

打开图像文件，执行"图像"｜"图像大小"命令，弹出"图像大小"对话框，更改像素尺寸——在"像素大小"区域输入宽度值和高度值。

如果要更改文档尺寸，在"文档大小"区域输入新的高度值和宽度值。默认以 cm 为单位。

如要改变图像分辨率，则在"分辨率"文本框中输入一个新值，单击"确定"。

（2）色调调整

打开图像文件，执行"图像"｜"调整"｜"亮度/对比度"命令，打开"亮度/对比度"对话框,调整"亮度"和"对比度"。

(3)色彩调整

①色彩平衡调整。打开图像,执行"图像"│"调整"│"色彩平衡"命令,打开"色彩平衡"对话框,设置"色阶"的三个数据。"色调平衡"区域有三个单选按钮:阴影、中间调和高光,它们对应黑、灰、白的色调选项。

②色相和饱和度调整。执行"图像"│"调整"│"色相/饱和度"命令,打开"色相/饱和度"对话框,调整具体数值。

4.图形的绘制

以制作按钮为例,图形制作的具体方法如下:

(1)打开 Photoshop,执行"文件"│"新建"命令,弹出"新建"对话框,设置图片的宽度、高度、分辨率、颜色模式、背景,单击"确定"。

(2)在"图层"面板中单击"创建新图层",新建"图层 1",选择圆角矩形工具,在工作区拖动鼠标绘制圆角矩形,按快捷键(Ctrl+Enter)将圆角矩形转换为选区,设置前景色为灰色(R:132,G:132,B:132),按快捷键(Ctrl+D)取消选区,按快捷键(Alt+Delete)用前景色填充选区。

(3)在"图层"面板中右击"图层 1",选择"混合选项"命令,打开"图层样式"对话框,分别选中"投影""外发光""内发光""斜面和浮雕""光泽""渐变叠加"6个选项。

(4)选择工具箱中的横排文字工具,在按钮上输入文字,选中文字图层移动文字,使之与按钮对齐,生成最终的按钮效果。

(5)如需将所做"按钮"输出为图片文件,应执行"文件"│"存储为",选择保存格式为存储图像。

二、音频编辑

(一)声音的录制和采集

1.用 Windows 录音机录音

用 Windows 自带的"录音机"采集声音,具体操作程序如下:

(1)设置录音通道及音量大小

将麦克风插入声卡的 MIC 插口,双击任务栏小喇叭图标,执行"选项"│"属性"

命令，选择"录音"并"确定"，在"录音控制"中调整麦克风的音量。

（2）设置录音属性

默认录制 60s 的 WAV 格式音频，可结合需要设置属性。运行"开始"｜"程序"｜"附件"｜"娱乐"｜"录音机"应用程序，执行"文件"｜"属性"命令，单击"立即转换"，在"声音选定"对话框中设置参数，单击"确定"按钮。

（3）录音

单击"录音"开始录音，录音完毕单击"停止"并保存。

2．用 Cool Edit Pro 2.0 录音

（1）创建声音文件。执行"文件"｜"新建"命令，设置新建声音文件的格式，单击"确定"。

（2）录音。单击"录音"按钮（红色圆点）启动麦克风录音，单击"停止"按钮结束录音。

（3）保存声音文件。执行"文件"｜"另存为"命令，将文件保存到所需位置。

（4）剥离视频中的声音。执行"文件"｜"从视频文件中提取"命令，打开一个 AVI 视频文件提取音频。

（二）声音的剪辑

1．选择声音

对声音进行处理，首先要选择声音处理区域，具体方法有两种：

第一种方法是不精确选取，直接拖动鼠标拖出一片白色区域。

第二种方法为在做零点定位后精确选取。零点即一个有效的正弦波与中心线的交叉点，声音片段的起始点和结尾点处于零点位置，对原波形文件破坏小，听感自然。选中声音后，执行"编辑"｜"零点定位"命令，调节所选中区域的边界（开始和结尾）到最近的零点位置即可。

2．删除声音

选择要删除的区域，直接按 Delete 键，即可删除，或在选中的声音波形区域右击，选择"剪切"命令删除。

3．插入声音

如果是在当前声音波形中插入另一端波形，选取声音并右击，选择"复制"命令，或使用快捷键（Ctrl+C），单击选中插入点，右击选择"粘贴"命令。

如果在当前声音末追加声音，执行"文件"｜"追加"命令，选择所追加声音，单击"打开"即可。

4. 声音特效处理

（1）噪声消除

执行"效果"｜"噪声消除"｜"降噪器"命令，在弹出的"降噪器"中单击"噪声采样"按钮采样，单击"保存采样"保存噪声样本，关闭对话框。

选择整个声音波形文件，打开"降噪器"对话框，单击"加载采样"按钮，载入之前保存的噪声样本，拖动"降噪级别"滑块降噪并确定。

（2）声音的变速

声音变速是对声音的时间的压缩和拉伸。具体操作为，选取需要声音波形区域，执行"效果"｜"变速/变调"｜"变速器"命令，设置参数并确定。

（3）声音的变调

声音变调是对声调的升高或降低处理。具体操作为，选取需要声音波形区域，执行"效果"｜"变速/变调"｜"变调器"命令，设置参数并确定。

（4）声音淡入淡出

打开音乐文件，拖放到单轨界面音轨上，拖动鼠标选择区域，执行"效果"｜"波形振幅"｜"渐变"命令，打开"淡入/出"选项卡，在右侧的"预置"列表框中选择"Fade In"（从小到大）或"Fade Out"（从大到小）并确定。

（5）声音格式转换

打开声音文件，在波形编辑窗口中，执行"文件"｜"另存为"命令，确定文件名称与格式，并保存。

三、视频编辑

目前，常用的视频编辑软件有 Premiere、VideoStudio（会声会影）。

以 VideoStudio（会声会影）编辑视频文件为例，常用视频编辑功能操作如下：

（一）新建项目

1. 启动 VideoStudio，系统自动创建一个文件。

2. 为项目文件选择一个合适的模板。否则，VideoStudio 会根据系统自动设置一个默认的模板，设置模板，应选择菜单栏中的"文件"｜"项目属性"命令，单击"编辑"按钮，进入项目选项窗口，在"压缩"选项中设定模式。

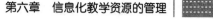

3. 单击"确定"按钮即可。

（二）打开项目

1. 选择菜单栏中的"文件"｜"打开项目"命令。

2. 选择一个已有的 VSP 格式文件，单击"打开"调入文件。

（三）添加素材和滤镜

1. 在切换到"故事板视图模式"后，视频素材库处于打开方式。

2. 添加素材库中的视频素材，先单击"视频略图"，使其在预览窗口显示，单击"播放"预览，如确定添加，鼠标左击拖动到故事板中，释放鼠标自动插入第 1 个略图位置。

3. 添加素材库的图像素材，单击"文件夹"按钮，选择"图像"选项，切换到图像素材库中，从中选择合适素材拖动插入即可。

4. 添加素材库的色彩素材，单击"文件夹"按钮，选择"色彩"选项，切换到色彩素材库中，从中选择合适素材拖动插入即可。

5. 将库外素材加入素材库，单击"加载视频"或"加载图像"或"加载色彩"按钮，在弹出窗口选择需要打开的文件即可；将库外素材直接加进时间线，单击"故事板"进行操作。

（四）设置和应用转场效果

VideoStudio 提供十几类百余种转场效果，以"擦拭分类中的方块过渡效果"为例，转场效果操作如下：

1. 单击效果步骤后，选择"文件夹"按钮，在弹出菜单中选取"擦拭"类效果。

2. 单击效果库中的"方块"转场效果，单击预览栏下方的"播放"预览，用鼠标拖动到故事板中两个素材中间位置，释放鼠标，单击"播放"。

（五）叠加视频和图像素材

1. 单击"覆叠"，打开素材库，选择要添加的素材，拖动到覆叠轨上。

2. 添加素材并编辑结束后，选择"动画和滤镜"选项，可以设置素材的运动方向、透明度值、边框。

（六）添加标题和声音

1. 创建和添加标题

（1）修改预设标题

①在素材库选中标题模板，在选项面板可设置参数设置。

②单击预览窗口下方的"播放"按钮预览，或直接拖动到标题轨上。

③如需修改预设标题，可在预览窗口内单击预设标题文字，对文字进行编辑。

（2）创建新标题

①单击"标题"，在预览窗口的文本框输入文字。

②拖动鼠标选中文字，设置字体，单击"边框/阴影/透明度"按钮设置后，新标题自动添加至标题轨。

③选择"动画"选项，对标题设置动画。单击下拉菜单设置动画效果。

④拖动标题两端的黄色标记，设置播放长度。

⑤单击"播放"观看标题动画效果。

⑥如选择"多个标题"选项，则在预览窗口任意位置双击鼠标建立文本框；在预览窗口中另一个位置双击建立另一个文本框。如此可建立多个文本。

2. 调整标题的长度和位置

（1）调整标题的长度，在标题轨单击目标标题，在调整选项面板的"标题区间"设置数值。

（2）调整标题的位置。在标题轨上拖动鼠标左右移动标题位置。

3. 添加声音和音乐

（1）单击"音频"打开素材库。

（2）添加素材库中的声音素材，单击选中音频略图显示声音图标。单击"播放"试听声音效果，拖动声音素材到声音轨上即可。

（3）添加素材库外的声音素材，单击"加载音频"，在弹出窗口选择文件；如果将素材直接加载到时间线上而不加入素材库，单击"故事板" ｜ "将媒体文件插入时间轴"，选择"插入音频"到"声音轨或音乐轨"导入素材。

（4）调整音频播放时间。单击选中素材，拖动两端黄色标记。

（七）渲染和输出影片

1. 单击"分享"，打开面板。用项目创建视频文件，打开 DVD 制作向导刻录成 DVD、

SVCD 或 VCD 格式，可手动控制输出设备，也可以将文件导出到网页、转换为可运行的贺卡，以及通过电子邮件发送。

2. 单击"创建视频文件"，打开影片模板，选择模板。

3. 如已设置了项目属性，直接选择"与项目设置相同"选项，或选择一个自定义模板。

4. 如果选择自定义模板，打开"创建视频文件"对话框，选择文件格式，创建文件名并保存。

5. 渲染后，影片自动预览播放。

第七章　信息技术与课程教学融合

信息技术与课程整合，不是把信息技术仅仅作为辅助教或辅助学的工具，而是强调要把信息技术作为促进学生自主学习的认知工具和情感激励工具，利用信息技术所提供的自主探索、多重交互、合作学习、资源共享等学习环境，把学生的主动性、积极性充分调动起来，使学生的创新思维与实践能力在整合过程中得到有效的锻炼，这正是创新人才培养所需要的。

第一节　信息技术与课程融合的概述

一、信息技术与课程融合的必要性

（一）将科学技术发展的成果应用于教育领域的尝试在持续进行

教育现代化是当代教育发展的一个基本追求。"教育现代化"是一个随时间而发展的概念，各个时代所指向的具体内容不尽相同，每个时代有每个时代的特征。从历史上来看，教育的发展往往滞后于经济、社会、科技的发展，如何使教育紧紧跟上时代发展的步伐，如何使教育呈现出明显的现代化特征，是近现代以来教育发展的一个基本追求。

人类的发展已经进入了信息社会，信息技术已经给社会生活的方方面面带来了巨大影响，引发了社会上各个领域一波又一波的转型潮和变革潮，因信息技术的应用而导致的变革是大势所趋，但各个领域应用信息技术的效果并不均衡，存在很大的差异。虽然作为教育对象的学习者及作为教育主要场所的学校已经拥有多种信息技术设备，众多教育研究者也已经提出了不胜枚举的基于信息技术的教学模式、教学方法，但是如果认真走进每一个课堂并观察作为教育最终"产品"的学生，理论家们所设想的美好场景却并没有出现。换言之，现代化的教学大楼里并没有发生现代化的教学现象，我们距离教育现代化还有遥远的距离。教育领域对信息技术的应用处于一种矛盾的心态，既充满了迫切的期待并寄予厚望，同时，又深深地陷入对信息技术在教育实践中的应用不满意及对信息技术的作用充满怀疑之中。与信息技术在经济、社会、文化、旅游、消费、购物等各领域如火如荼的应用及因信息技术应用而带来的生活方式的变化相比，信息技术在教育领域的应用还停留在较为浅显的层次上，似乎除了带来大量的设备和新名词，并没有引起教育体制、人才培养格局、人才培养质量等方面的明显变化。

将科学技术发展的成果应用于教育领域的尝试从未停止过。查看技术应用于教育的历史，对于理解和把握现在教育的发展具有很好的启发和借鉴作用；对技术应用于教学路线的历史进行回顾和考察，有助于我们更好地理解和分析当前一些发生在教育领域和具体教学中的现象。在信息技术之前，已经有很多技术影响甚至冲击过教育领域，发明家爱迪生曾豪迈地宣称随着电影技术的发展和普及，人们将可以通过电影学习各门类知识，学校也将因此随之发生天翻地覆的变化。每当新的技术和媒体在社会上得到广泛应用并被应用到教育领域中，就会有类似豪迈的观点和愿景出现。从电影、广播、电视、录像到计算机、多媒体、互联网、iPad、智能手机……从教育电影、教学音频节目、视频节目（包括学校教学及远程教学）到教学网站、微博、Blackboard、Moodle、MOOC、翻转课堂……无论是作为产品的硬件技术，还是作为方法、观念的软件技术，总是使人们相信新出现的技术与在此之前的技术是不一样的，新出现的技术更加先进，功能更加强大，新技术及其应用方法会比以往的技术发挥更大的作用。然而，期待的结果并没有如期发生，课堂教学并没有因为某种技术而发生翻天覆地的变化。

（二）从电化教育、计算机教育到信息技术教育再到信息化教育

电影、幻灯及后续发展的各种技术手段应用于教育的情形称为电化教育，至今已有近百年的时间。随着新技术、新设备的不断涌现，电化教育所包括的内容也在不断扩大，也有一些技术在发展过程中逐渐被新发展的技术所取代，最终逐渐消失。功能强大的计算机技术进入到多媒体时代后，电视化教育也变成了以计算机为核心设备，计算机教育也随之如火如荼地发展起来。计算机逐渐成为从基础教育到高等教育各阶段学生学习的重要内容。随着互联网的兴起，并进一步发展到移动互联网、物联网，以计算机技术、通信技术、多媒体技术等为核心的信息技术迅速影响了社会生活的方方面面。教育领域也不例外。从学习信息技术到将信息技术作为工具解决各领域的问题，信息技术教育、教育信息化正成为当今教育现代化最明显的特征和最热切的追求。以 PAD、智能手机等作为移动终端，以大数据、云计算作为支撑的教育信息化正成为教学的新常态。

从电化教育到计算机教育，再到信息技术教育的发展路线，表明了人们对技术与教育

的关系认识，从技术作为工具和方法应用于教育到利用技术更好地了解学生、教师、教学、教育，并进而改进和提高教育质量的过程。当然，对于改变和革新教学状况，信息技术是步其他技术的后尘，还是打开一个全新的局面，目前尚无明确定论。

信息化是当今社会的重要特征，信息化教育是教育发展的一个趋势。在信息化环境下，利用信息技术，人们可以更多地获得关于学习者学习过程的丰富信息，方便地确定学习者的学习风格，并据此合理地安排教学内容，优化教学过程。学习者可以利用无线终端设备和无所不在的互联网，随时随地开展学习，教师可以通过信息技术收集更多关于教育和教学的数据，更容易发现教学中存在的问题，并进而利用信息技术有效解决相关问题。

由此可见，随着通信技术和互联网的发展，新技术、新设备的出现使得教学方式和教学环境发生了巨大变化，但教育没有因此发生深刻变化。

（三）信息技术与课程教学融合的理由

读者很容易发现，类似"信息技术与课程整合""信息技术与教育教学整合"等词句，将信息技术对"教育"和"教学"的影响并列使用的场合非常普遍，而且在各种著作、文章的论述中也大量出现这种情况。在这种情况下，作者往往是为了表达所要论述的对象毫无遗漏地涵盖了教育从宏观到微观的各个层面。即便在一些没有明显将"教育"和"教学"在标题中并列的论述里，也不难发现，论述者自觉不自觉地从宏观教育到微观教学来论述观点，而这些观点往往使研究者和一线教师难以抓住问题的关键。这样讨巧的做法对于清晰论述有关教育和教学的现象与解决实际问题其实并无好处，因为"教育"与"教学"两者之间是存在明显差别的，试图使论述无所不包的结果，往往使观点模糊不清。通常情况下，论述到教育时，往往涉及教育事业发展、教育行政体制、教育对象的终身发展和全面发展等宏观教育现象。其目标是如何通过信息技术手段让更多人能够享受到高质量的教育。而论述到教学时，往往指传递具体知识、技能等发生在课堂上（包括教室教学、教学网站等）的教学组织形式，是实现教育目标的一种具体途径。其目标是如何利用信息技术改变课堂教学，提高课堂教学质量和水平，提高人才培养的质量。不难发现，信息技术针对"教育"和"教学"，其目标对象、工作重点、实现途径都存在很大的差异。在大多数情况下，将"教育"和"教学"并列使用，不仅不能全面地表明观点，相反，它很容易导致我们思想上的混乱和观点上的不明确。

基于上述种种情况，本书将主题确定为"信息技术与课程教学融合"，将论述范围集中在信息技术应用于具体的课堂教学中，以尽量避免本书讨论超出教学领域的复杂的教育现象，也可以减少一些宏大且似是而非的论述。

二、信息技术与课程教学融合的影响因素

在论及信息技术与课程整合、信息技术与课程教学融合时，研究者通常将信息技术设备稀缺或者应用不充分的情形称为"传统课堂教学"或者"传统教学"，将在教学中使用了新兴信息技术设备及充分应用的情形称为"信息化教学"或"数字化学习"，将试图充分发挥"黑板+粉笔"及信息技术各自优势的情形称为"混合式学习"。研究者和一些实践者宣称，在课堂教学中应用信息技术能发挥学习者的主动性，提高课堂教学的效率和效果。但是，现实情况却并不支持这样的结论。只有深刻理解了"整合"的含义，准确把握其实现途径和方式，才能进一步推进教育信息化、切实提高课堂教学质量。在国家大力提倡教育信息化，推行了数字教育资源全覆盖、宽带网络校校通、优质资源班班通、网络学习空间人人通、教育资源公共服务平台建设、教育管理公共服务平台建设、教师应用信息技术能力培训等项目的大环境下，信息技术在教学中没有发挥预期的良好效果，其影响因素当然有很多，但是从核心因素上来看，问题最有可能出在信息技术软硬件、教师或者学生身上。

（一）教育资源不均衡与教育不公平因素对信息技术与课程教学融合的影响

无论是硬件设备、软件资源，还是受教育机会、教育资源不均衡及教育不公平，从全国范围及区域范围来看，都是实际存在的现象。教育资源不均衡及教育不公平现象不单纯是教育领域自身的问题，而且是社会、经济、政治、文化等问题的综合反映，这也导致了在教育信息化的进程中，各地区、各类学校的发展程度及发展模式是不一样的。要实现信息技术与课程教学整合，需要加强信息技术自身及与课程教学有关的，如教学观念、教学模式、教学设计、教学方法、教学资源等方面的进一步发展，才有可能探索出两者整合的原理、机制、方法。但是优质教育资源、新兴信息技术设备、先进的教学理念和教学方法等由于事实上存在的不均衡极不公平现象，在一定程度上阻碍了信息技术与课程教学整合的进程。如何在各地区、各学校符合自身实际条件下，有效地达成信息技术与课程教学整合的目标，需要各级教育行政部门、教育工作管理者、学校、教学工作者、学生家长发挥自己的才智，群策群力，更深入地探索教学规律和信息技术应用于教学的规律，以可获得的技术、可行的教学模式、高效的教学方法来弥补教育资源不均衡及教育不公平造成的影响。

（二）信息技术软硬件因素对信息技术与课程教学融合的影响

工欲善其事，必先利其器。信息技术软硬件设备是开展信息技术与课程教学整合的物

质基础，在缺少信息技术软硬件的情况下谈论信息技术与课程教学整合无异于空谈。从教育传播的角度来说，信息技术设备和工具属于教育媒体的范畴。当具备了必要的信息技术设备及相关软件后，信息技术与课程教学整合主要考虑的是如何选择合适的信息技术工具、用怎样的策略来最大化地发挥信息技术的效益，以及如何评价信息技术的价值和作用等问题。

根据信息技术在课程教学中应用的方式及作用，可以将信息技术在教学中的应用分为工具、方法和思想观念三个层次。

对绝大多数从事具体教学的教师来说，应用包括信息技术在内的各种教育媒体和技术手段，要做的主要工作是应用已有的各种工具、设备，而不是去考虑设计、开发专门应用于教学的信息技术工具和设备。我们完全可以相信，以计算机、多媒体、互联网技术为主要代表的新的信息技术的硬件和软件技术将会不断产生，并被应用于包括教育教学在内的各个领域，因此引发基于新的硬件和软件的教学模式和教学方法。但是，就如同每产生一种新技术，并且这种新技术被应用于教育领域中所引发的期盼和赞赏一样，对于各种新技术可能对教育和个人成长所能发挥的作用的怀疑和批评也从未停止过。对教育媒体的研究结论也是类似的，即不存在一种可以适用于所有教学情形、功能最强的、最好的教育媒体，不同的教育媒体各有特性，重要的是，要根据实际需要选择合适的教育媒体。在选择包括信息技术在内的教育媒体时，对教师来说，是否具有可获得性、易用性、低成本等特征，往往作为是否被最终选择使用要考虑的主要因素。

归根到底，信息技术与各种教育媒体的使用是为了解决教学中存在的问题，是为了提高教学信息传递的效果，提高教学效率并取得更好的教学效果。不同技术在教学中的引入和应用必定会产生不同的教学形式、教学模式。加拿大著名传播学者麦克卢汉曾提出了一个"媒介即信息"的颇有争议的观点。其含义是，媒介本身才是真正有意义的信息，即人类只有在拥有了某种媒介之后才有可能去从事与之相适应的传播和其他社会活动。媒介最重要的作用就是"影响了我们理解和思考的习惯"。因此，对社会来说，真正有意义、有价值的信息不是各个时代的媒体所传播的内容，而是这个时代所使用的传播工具的性质、它所开创的可能性及带来的社会变革。但是，麦克卢汉的这一观点并没有得到广泛的认同。技术与教育相比，教育是本，技术是末，人自身的进化和发展的进程远不如技术的更新换代那样来得迅速。无论应用的技术及环境发生了怎样的变革和改进，教学的根本目的并没有发生根本性的变化。因此可以说，人的发展是根本，而技术的应用只是起到了调节的作用，过去是这样，将来也会是这样。

（三）教师因素对信息技术与课程教学融合的影响

教师对于教学的成败来说具有决定性的作用，教师的素质和能力高低与教学效果的优劣密切相关，教师是否具有应用信息技术的意愿、能力、环境等是实施信息化教学的必要条件。教育信息化的深入推进和实现的关键在于教师对于信息技术的应用能力。只有通过一个个具体的教师在自己的教学中充分应用信息技术，教育信息化才有可能实现。也正是基于此，教育行政部门将教师培训作为一项重要的工作来抓，简称"国培计划"，以此全面提高教师队伍素质，而信息技术应用在广大基层教师的职后继续教育中是一项重要内容。

虽然教学的目的没有发生根本变化，但是在教学中应用的不同技术导致教学模式的不同，会对教师开展教学工作所需要进行的教学准备和具体实施过程带来直接影响。要实现信息技术与课程教学整合，在很多情况下，要求教师学习新知识、新技能，对已有的教学习惯和教学模式进行反思，进而对自己的教学方法进行变革。这样，在教学准备及实施过程中则是增加了教师的工作量并加大了教学实施的难度。而这也往往成为教师在教学中不积极运用新技术的重要原因。很多关于教育信息化的研究及建议都指出在充分应用信息技术的条件下，教师需要掌握更多的技能，扮演更多的角色，承担更多的任务，而教学效果却未必会得到提高。基于上述情况，教师对应用信息技术改变自己的教学配合方式有着不积极的态度也就很容易理解了。

对于信息技术在课程教学中的应用，教师们的反应并不总是相同的，有的教师欢迎信息技术走入自己的课堂，但是也有教师对此采取抵制的态度。

与应该将哪些新兴技术应用于教育领域的讨论相比，对如何更好、更有效地使可用而易用的技术发挥作用，从而更好地促进学习者的发展和成长的讨论要更有价值。不可否认的是，人们对于技术如何深刻影响学生的发展和成长至今还没有取得新的共识和进展。在教学实践领域，在教育第一线的教育工作者往往将注意力集中于技术应用的具体形式上，然而，教育不是表演，不是作秀。换言之，如果技术的应用不是以人的发展作为根本出发点，那么，这样的技术的应用就是失败的。信息技术功能强大，但并不是天然地带有某种魔力，可以自然而然地就促进学生的发展和成长。

（四）学生因素对信息技术与课程教学融合的影响

学生的能力和素质的提高程度是评价教学价值高低的最直接的标准。教学环境、教学媒体、教师等因素都是影响学习效果的外在因素，只有学习者自己的学习动机、学习习惯、学习风格等才是影响学习效果的内在因素。内在因素是促使事物发生变化的根本因素。因此，即便是教学场所中具备了丰富的信息技术设备和工具，教师具备了高超的信息技术能力和教学能力，但是，如果学生没有学习的意愿且不积极投入到学习活动中，那么，通过信息技术的应用而获得良好的教学效果仍然只是一句空话。

从现实来看，中等发达地区以上年龄稍大的学生已经普遍拥有了如笔记本电脑、智能手机、iPad 等信息技术工具（即便在偏远的不发达地区，学生也有机会在家里接触到家长的智能手机）。绝大多数情况下，学生只是将这些工具作为通信、娱乐的工具，很少会将它们作为学习工具。教师对于学生在课堂教学中拿出智能手机、iPad 等工具通常都持反对的态度，往往会采取限制采取的措施，在干扰了课堂教学秩序或者引起冲突的情况下，甚至会采取没收这些工具或者将学生驱逐出教室等惩罚性措施。

如同技术对教学的作用，从信息技术对学生的影响来看，课堂上学生的成长并没有因为包括信息技术在内的各种技术的引入而发生根本性的变化。要达到信息技术与课程教学整合的目标，学生除了要具备使用信息技术工具的基本技能外，还要具备在各种类型的学习活动中都应该具有的学习动机、自主学习能力、学习习惯等。各种信息化教学形式几乎都强调学生的学习自主性，但是，是自主学习能力强的学生更适合丰富信息技术条件下的教学还是信息化教学的形式本身具有较强的促进学生自主学习能力的特点，目前的研究并没有给出明确的答案。社会环境、文化特点、家庭教育方式、已经养成的学习习惯等对于教学活动的有关各方都具有潜移默化的深刻影响。比如，对于习惯了通过听取教师在课堂上讲授来学习知识和技能的学生来说，让他利用信息技术自主安排学习计划并通过网络获取大量教学信息，然后与教师和同学分享，并不是每一名学生都能很快找到学习的感觉并获得教师预期的知识和技能的。所以，如果只是告诉学生应该加强学习自主性，而不根据实际情况给出解决的方案和策略，那么，教师的教和学生的学都不会发生太大的变化。

第二节　信息技术与课程教学融合的目标与策略

一、信息技术与课程融合的内涵与目标

信息技术与课程融合是指在先进的教育思想、理论的指导下，把以计算机及网络为核心的信息技术作为促进学生自主学习的认知工具与情感激励工具、创设丰富教学环境的工具，并将这些工具全面运用到各学科的教学过程中，使各种教学资源、各个教学要素和教

学环节，经过组合、重构、相互融合，在整体优化的基础上产生聚集效应，促进传统的、以教师为中心的教学结构与教学模式的根本性变革，从而达到培养学生创新精神与实践能力的目标。概括来说，信息技术与课程融合是在学科教育过程中把信息技术、信息资源和课程进行有机结合，建构有效的教与学方式，促进教学的最优化。

信息技术与课程融合不是简单地将信息技术应用于教学，而是高层次的融合与主动适应。信息技术与课程融合将带来课程内容、课程资源、课程实施和课程评价的变革。我们必须改变传统的单一辅助教学的观点，主动创设学习情景，创造条件让学生最大限度地利用信息技术，让信息技术成为学生最有效的认知工具，最终达到改善学习方式、提高学习效率的目的。

信息技术与课程融合的宏观目标为：建设数字化教育环境，推进教育的信息化进程，促进学校教学方式的根本性变革，培养学生的创新精神和实践能力，实现在信息技术环境下的素质教育与创新教育。

二、信息技术与课程融合应遵循的原则

信息技术与课程融合并不等同于混合，它强调的是对传统的教学方式进行变革，从而改变以教师为中心的教学结构与教学模式，最终达到培养学生创新精神与实践能力的目标。为了实现这一目标，信息技术与课程融合应该遵循以下几条原则：

（一）课程结构整体性原则

新的课程结构要改变以往课程结构过于强调学科本位、科目过多和缺乏融合的现状，整体设置课程门类和课时比例，精简课程内容，剔除业已陈旧和烦琐艰深的内容，增加能够培养学生的终身学习能力，以及科学技术发展新成果和与现代社会生活相关的内容。要以学生的全面发展为依据来设置课程体系，使各类课程类型、具体科目和课程内容保持一种恰当的比例。

（二）"主体—主导"教学理论原则

"双主"教学理论目前被认为是进行信息技术与课程融合的主要理论依据。这一教学理论认为，在教学的过程中要充分发挥学生的学习主体地位，教师则在教的过程中起到学习内容的选择，学习过程的组织、帮助、指导等主导作用，使学生的学与教师的教有机地统一起来，体现以人为本、全面发展的教育思想。

（三）能力培养和知识学习相结合的原则

课程融合要求学生学习的重心不仅仅放在学会知识上，而是转到学会学习、掌握方法和培养能力上，包括培养学生的信息素养。学生利用信息技术解决问题的过程，是一个充满想象、不断创新的过程，同时，又是一个科学严谨、有计划的动手实践过程，它有助于培养学生的创新精神和实践能力，并且通过这种不断训练，学生可以把这种解题的技能逐渐迁移到其他领域。

（四）自主学习和协作学习相结合的原则

信息技术与课程融合强调要充分尊重学生的兴趣、爱好，为充分发挥学生的个性开辟了广阔的空间。学生可以自主选择目标、内容、方式及指导教师，自己决定活动结果呈现的形式，指导教师只对学生进行必要的引导和辅助，并不是学习的主宰。自主性学习有助于培养学生学习的主动性、积极性和独立探索问题的能力，但只强调个别化是不够的，在学习高级认知能力的场合，采用协作学习往往能取得事半功倍的效果，而且协作学习对合作精神的培养和良好人际关系的形成有明显的促进作用，也是最有利于培养 21 世纪新型人才的教学策略之一。所以，在课程整合的过程中，应该把自主学习和协作学习结合起来，使学习产生更好的效果。

（五）创新性原则

信息技术教育的过程，是学生动手实践的过程，也是学生创造的过程。在完成一件作品、利用计算机进行学习的过程中，学生需要开动脑筋，大胆想象，自己动手。开展信息技术教育，是培养学生创新精神和实践能力的一个极好的途径。

三、信息技术与课程教学融合的策略

目前，信息技术与课程教学融合的主要表现可以概括为以下几个维度：一是从横向上来看，在教学中使用了较新出现、在技术上比较先进、功能较强的信息技术；二是从纵向上来看，在教学中具有切实有效的方法和策略来使用信息技术；三是从学生的成长和发展角度来看，信息技术在教学中的使用能够促进学生较高层次能力的提高。认识了信息技术在课程教学中应用的不同维度和层次后，教师在开展教学设计时就要有意识地思考信息技术在课程教学中的功能和作用，认真地回答为什么要用信息技术、要用什么样的技术、要怎样有策略地使用技术，从而让信息技术真正与课程教学融为一体。

（一）在课程教学中使用较新出现、技术较先进、功能较强的信息技术

从教育媒体发展的历史来看，已有的技术手段在教学中尚未得到充分应用，新的技术和方法又以令人应接不暇的速度不断产生。新的技术往往具有新颖的功能并意味着会带来更大的信息量，但这些新颖的功能是否是教学需要的还有待商榷。另外，在教学中增加信息量，对学生习得知识和技能而言，未必总是起到积极作用。信息技术最大的优势在于扩大了教学中信息资源的来源及形式，从提高学生信息素养的角度出发，获得信息仅仅是开始，对信息的分析、加工、存储、发布等才更为关键，这些环节才是提高学生能力和素质的重要内容。学生具有较强的能力和素质的一个衡量指标，可以是学生对获得的信息或者对发生的事件或者对要解决的问题，不只可以做出知识性判断，甚至可以做出方法性判断和价值性判断来进行评价。

（二）在课程教学中通过切实有效的方法和策略来使用信息技术

信息技术在课程教学中真正发挥作用的，可能更主要的是应用信息技术的方法和策略。将信息技术真正融合到课程教学过程中的各个环节，针对课程教学中的重点和难点问题，充分发挥信息技术所具有的信息量大、交互性强、可扩展性高等特点，使信息技术的使用有计划、有策略、有章法，才不会割裂信息技术与课程教学之间的关系。确实做到信息技术的功能是符合课程教学实际需求的，使用技术的时机是恰当的，应用的技术是课堂上容易获得并能使教师和学生轻易操控的。

从教学设计的角度出发，教师需要更加注重信息技术的应用策略，在充分分析所能获得的各种技术的性能的基础上做出明智的选择，使信息技术在课程教学中的出现成为自然而然的事情，而不是刻意地只是为了体现信息时代的特征而使用信息技术。

（三）信息技术在课程教学中的使用能够有效促进学生较高层次能力的提高

从学生的发展和成长的角度来看，教育的最终结果体现为学生素质的提高。然而，素质不能直接教授和传递，它是以知识和能力作为基础的，其中，知识又是能力的基础，信息包含知识，但不等同于知识。换言之，教育教学追求的素质目标，只能以学生的知识和能力作为载体表现出来。信息技术与课程教学融合，如果只是停留在为课程教学带来大量信息的层次上，那么这样的融合是浅层次的；反之，信息技术与课程教学的融合在知识、能力甚至素质层次上发挥了作用，这样的融合就是有深度的。事实上，信息技术应用于学生发展和成长的每一个层次，也可以是有深度的。不能将信息技术与课程教学的整合简单地理解为只有直接提升学生素质的教学才是有深度的。针对课程教学需要传递的知识，通过信息技术的应用来进行全方位的展现，也是整合的一种体现。

从某种程度上来看，因为单纯用某一种模式并不能充分发挥技术的作用，并且不能轻易地达到教学的预期效果。因此，混合式学习在近年来得到了广泛关注。

教学的本质是师生之间教育信息的流动，为了促进学生对所学内容的理解，获取更多关于学习内容的信息是必要的，学生掌握的关于学习内容的信息的数量及类型，对于他们更好地掌握事物和现象的特征有很大帮助。教学现实令人不满意的状况和信息技术与教育教学不能整合，主要是源于教师仅仅通过信息技术获取信息并利用信息技术将信息进行了呈现，很多信息尚未转变为学生的知识。将信息技术与课程教学融合后，学生面对现实问题或者不同于学习情境的复杂问题时，就可以对获得的信息不仅进行事实性、知识性判断，还能够进行价值判断。

信息化成为当今时代的基本特征，以信息技术为主要代表的教育技术手段和方法与教育进行了持续的整合、融合的尝试，但是，教育并没有因此而发生预期的深刻变化。本章选择从信息技术与课程教学融合的角度，提出信息技术与课程教学深度融合的特征，并探讨影响和制约信息技术与课程教学整合的主要因素，随后对信息技术与课程教学融合的策略进行了初步分析，初步回答为什么要推进信息技术与课程教学的整合。

第三节 信息技术与课程教学融合的核心

信息技术与课程教学融合的核心是信息化教学，那么，什么是信息化教学呢？

一、信息化教学的含义

教学模式的发展是与信息技术的进步紧密联系在一起的。当视听广播技术开始应用于教育时，集体教学是教学模式研究的重点；当个人计算机发展起来时，个别化学习成为教学模式的研究重点；当互联网应用于教学领域时，小组协作学习、网络探究学习、远程教育又成为教学模式的研究重点，数字化学习、电子化学习、在线教育、虚拟教育等教育新形态成为人们耳熟能详的名词。数字化学习是信息时代学习方式的新发展，是基于技术的学习方式。所谓信息化教学模式，是技术支持的教学活动结构和教学方式。它是技术丰富的教学环境，是直接建立在学习环境设计理论与实践框架基础上，包含相关教学策略和方法的教学模型。从本质上来看，信息化教学模式是对数字化学习方式的概括与提炼。

在过去很长的一段时间里，人们在教学过程中信息技术存在一个倾向，就是把信息技术作为演示工具，人们把信息技术教学应用的注意力过多地放在了硬件和一些初级技能上，学校和师生没有真正认识到数字化学习具有的潜能，忽视了信息技术与课程的有效整合。随着教育信息化的不断深入与发展，信息化教学成为信息技术与课程整合的核心，信息化教学模式成为促使信息技术与课程整合的有效模式。目前，国内外常见的信息化教学模式主要有：基于问题的学习、基于项目的学习、基于案例的学习、基于资源的学习、探究学习、协作学习、个别教授、操作与练习、教学测试、教学模拟、教学游戏、智能导师、微型世界、虚拟实验室、虚拟学社、协同实验室等。

二、信息化教学模式的特征

从技术层面来看，信息化教学模式的基本特征是数字化、网络化、智能化和多媒体化。从教育层面来看，其基本特征涉及人才观、学习观、教学观、技术应用观、管理观、评价观等方面。信息化教学模式对传统教学模式的改革是多方面的，从学习文化的角度来分析，可以通过信息化教学模式与传统教学模式的对比，深入理解信息化教学模式的特征。

三、典型的信息化教学模式

（一）个别授导

个别授导是经典的 CAI（计算机辅助教学）模式之一，试图在一定程度上通过计算机实现教师的指导性教学行为，对学生实施个别化教学。

基本教学过程：计算机展示与提问—学生应答—计算机判别应答并提供反馈。

在多媒体方式下，个别授导型 CAI 的教学内容展示可图文并茂、声色俱全，并可使交互形式更为生动活泼。

（二）操练与练习

操练与练习是发展历史最长且应用最广的 CAI 模式，此类 CAI 并不教授学生新内容，而是由计算机向学生逐个展示问题，学生在计算机上作答，计算机给予适当的即时反馈。运用多媒体，可以将许多可视化动态情景作为提问的背景。

从严格意义上来说，操练与练习之间在概念上有一定的区别：操练基本上涉及记忆和联想问题，主要采用选择题的形式；练习的目的重在帮助学生形成和巩固问题求解技能，大多采用短答题、构答题等形式。

（三）教学模拟

教学模拟是利用计算机建模和仿真技术表现某些系统（自然的、物理的、社会的）的结构和动态，为学生提供一种体验和观测的环境。教学模拟是一种十分有价值的 CAI 模式，在教学中有广泛的应用。例如，在物理课上，可以模拟电子运动、原子裂变、落体运动等；在生物课上，可以模拟遗传过程和生态系统；在化学课上，可以模拟化合过程和各种实验；在社会和人文科学中，可以模拟历史演变、政治外交等。

（四）基于资源的主题教学模式

所谓基于资源的主题教学模式是指学习者围绕一个主题，充分发掘和利用各种不同的资源，并遵循科学研究的一般规范和步骤而进行的一系列探究活动，其目的是让学习者提高问题解决、探究、创新等能力，促使学习者的学科素养和信息素养同时得到提高。

基于资源的主题教学模式主要有以下基本特征：

第一，具有广泛的资源：文字、图片、声音、视频、书籍、网络、专家等，只要是对学习有帮助的，就是学习者可以利用的有用资源。

第二，主题具有情境性：通过创设情境有效调动学习者的积极性和主动性，并且通过学习情境将资源聚集起来，使学习者通过对资源的加工和利用，将知识内化，通过主动建构知识意义来解决问题。

第三，主题具有整合性：基于资源的主题教学模式突破了学科本位的思想，实现了跨学科的知识整合，将围绕主题的各门相关学科的相关内容综合利用、紧密联系，增加了问题的实际应用价值，有利于理论与实践的进一步结合。这种学习既提高了学生的兴趣，又培养了学生融会贯通知识的能力，提高了学生从多角度、多层面思考问题的能力。

第四，任务驱动法：围绕一个主题设计了诸多详细的小任务，学生通过逐个解决小任务而达到学习目标，完成对知识的理解和建构。解决与自身生活密切相关的真实问题，容易使学生积极投入到学习过程中，使教学真正做到以学习者为中心，使学生获得一种成就感。

第五，探究性：探究是基于资源的主题教学的核心。在教学过程中，强调自主探究和协作探究，让学生在问题求解的过程中学会综合利用知识、内化知识，倡导学生积极动手、动脑，使学生真正愿意学，体会如何学。

（五）基于项目的教学模式

基于项目的教学是指基于项目的学习（project-based learning，PBL）模式。它是以学习、研究某种或多种学科的概念和原理为中心，以制作作品并将作品推销给客户或展示给教师与学生为目的，在真实世界中借助多种资源开展探究活动，并在一定时间内解决一系列相互关联问题的一种教学与学习模式。

基于项目的学习模式主要由"内容、活动、情境、结果"四大要素构成。PBL模式的学习内容是在现实生活和真实情境中表现出来的各种复杂的、非预测性的、多学科知识交叉的问题，是学科的核心概念和原理。PBL模式的活动是生动有效的学习策略，通常开展这种活动的顺序是：给学生呈现一定难度的问题；学生通过各种途径搜寻资料，如实地调查研究、上网搜索、采访相关专家等；对掌握的资料进行相应的处理、加工并生成一定的信息，从而找到问题的答案。PBL模式的情境是指特殊的学习环境，这种情境可以促进个人与个人之间及个人与社会团体之间的合作；可以鼓励学生使用并掌握技术工具。PBL模式的结果包括运用知识的技能和策略及特定的技能。

基于项目的学习模式的基本特征，体现在以下六个方面：

第一，有一个任务驱动性的问题用于组织和激发学生的学习活动。

第二，要形成一个最终的作品。

第三，强调学习活动中的相互合作，包括教师、学生及该活动可能涉及的其他人员之间的相互合作。

第四，强调学科知识的融会贯通，在情境创设中，问题来源于真实的生活，它需要依靠多学科交叉的知识去解决问题，理解并能够综合运用知识。

第五，学习过程中需要借助多种认知工具和信息资源，包括计算机实验室、超媒体、图像软件、远程通信工具等。

第六，学习具有一定的社会效益。学生的作品包括学习过程的文献资料及学生的最终作品都能够与老师、家长、商业团体进行交流和分享，学生制作的作品可以提供给商家在市面上销售，从而获得一定的经济效益。

（六）基于问题的教学模式

基于问题的教学，又称为基于问题的学习模式，是指把教学或学习置于复杂的、有意义的问题情境中，让学生以小组合作的形式共同解决复杂的、实际的或真实的问题。基于问题的学习模式有三大基本要素：问题情境、学生和教师。

基于问题的学习模式的基本特征体现在以下五个方面：

第一，是一种以学生为中心的教学方法。

第二，以问题为中心组织教学并将问题作为学习的驱动力。

第三，问题是真实的，是培养学生解决实际问题能力的手段。

第四，以学生小组为单位的学习形式。

第五，教师是辅助者或引导者，是必不可少的因素。

（七）WebQuest 教学模式

WebQuest 教学模式是 1995 年由美国圣地亚哥州立大学教育技术系伯尼·道奇（Bernie Dodge）和汤姆·马奇（Tom March）创立的。目前，全球已有数以千计的教师建立了自己的 WebQuest 课程网站，并在课堂教学中广泛开展了实践。WebQuest 可译为"网络探究"或者"网络专题调查"，是网络探究学习活动的一种具体形式。它主要依托互联网的强大信息资源优势培养学习者的探究能力，遵循建构主义"抛锚式"和"支架式"的教学模式。

WebQuest 教学模式都经过了精心设计。它创设情境给学习者一个有趣且可行的任务，并提供必需的、能够指导他们完成任务的资源，还告诉他们评价的方法，以及概括和拓展学习的方式。一个标准形式的 WebQuest 教学设计包括导言、任务、过程、资源、评价和结论六个部分。

WebQuest 教学模式的主要特点体现在三方面：一是有一个明确的主题或问题；二是此类问题可以通过寻求信息得到解答；三是问题的解答没有唯一性。

WebQuest 模式提供了一种将网络资源和网络交流手段整合到研究性学习中的优秀方法，但是也存在一定的局限性。比如，它要求学生具有较强的文字阅读能力；同时，它强调使用的网络资源必须经过教师的预先筛选，这就必然削弱了学生自主搜索能力和信息筛选能力。

（八）教学游戏

教学游戏与计算机模拟有密切的关系，多数教学游戏本质上也是一种模拟程序，只不过其中刻意加入了趣味性、竞争性、参与性等因素，做到寓教于乐。在教学游戏中利用多媒体技术，不但可以使模拟的现象变得更加逼真，而且可以创造在现实世界中难以看到的虚拟现实情景。

（九）智能导师

智能导师也是个别授导的一种，因为它需要借助人工智能技术来实现，因此，又称为智能导师系统。智能导师系统是利用人工智能技术模拟家教的行为，允许学生与计算机进行双向问答式对话。一个理想的智能导师系统不仅要具有学科领域知识，而且要知道它所教学生的学习风格，还要能理解学生用自然语言表达的提问。然而，世界上迄今所建立的此类系统能达到实用水平的屈指可数。

（十）案例教学

案例教学的思想来源于基于问题的学习和强调以学生为中心的合作学习。案例教学是教师和学生一起接触大量真实的专业问题，在发现问题、解决问题的过程中，体验到问题与规则之间的自然联系，让学生感受获得专业知识的过程，体验专业的思维方法和培养解决实际问题的能力。在实际的案例学习中，多涉及经济、法律、犯罪学、医疗事故、道德伦理等知识问题的研讨。

第四节　信息化教育中教师与学生的信息素养

一、信息素养的内涵

（一）信息素养的概念

21 世纪是信息化教育的时代，具备一定信息素养是现代信息化社会对教育者和学习者的特定要求。21 世纪的能力素质，包括基本学习技能（读、写、算）、信息素养、创新思维能力、人际交往与合作精神、实践能力。信息素养是信息时代需要人们具备的一种基本能力，信息素养包含三个最基本的要素：

第一，信息技术的应用技能。这是指利用信息技术进行信息获取、加工处理、呈现交流的技能，通过对学习者进行信息技术操作技能与应用实践训练来培养。

第二，对信息内容的批判与理解能力。在信息收集、处理和利用的所有阶段，批判性地处理信息是信息素养的重要特征，对信息的检索策略、所要利用的信息源、所获得的信息内容都能进行逐一评估。在接收信息之前，会认真思考信息的有效性、信息陈述的准确性，识别信息推理中的逻辑矛盾或谬误，识别信息中有根据或无根据的论断，确定论点的充分性。这些素养不仅是通过计算机技术技能的训练形成的，还要通过加强科学分析思维能力的训练来培养。

第三，运用信息，具有融入信息社会的态度和能力。这是指信息使用者要具有强烈的社会责任心、具有与他人良好合作共事的精神，使信息技术的应用能推动社会进步，并为社会做出贡献。这些素养的形成也不是通过计算机技术技能训练就能形成的，而是要通过加强思想情操教育训练来培养的。

当前，世界各国已把信息素养视为课程与教学改革中必须渗透的核心要素。根据信息素养的定义，在教育中提高公民的信息素养有六点要求：

第一，信息获取能力。能够根据自己的学习要求，主动地、有目的地去发现信息，并能通过各种媒体，如书籍、报纸、电视等（特别是要熟练使用互联网），或者通过亲自调查、参观等途径收集所需要的信息。

第二，信息分析能力。能够筛选获取到的丰富信息，鉴别自己所需要的信息，判断它的可信度，然后对真实有用的信息进行分类。

第三，信息加工能力。将不同渠道获取的同一类信息进行综合，结合自己原有的知识，重新整理组织、存储，并能够简洁明了地传递给他人。

第四，信息创新能力。在信息加工的时候，通过归纳、综合、抽象、联想的思维活动，找出相关性、规律性的线索，或者能从表面现象分析出事物的根源，得出新的信息。

第五，信息利用能力。利用所掌握的信息，使用信息技术或其他手段，分析、解决生活和学习中的各种实际问题。

第六，协作意识和信息交流能力。能够通过互联网拓展自己的交流范围，面向世界，开阔视野，并能利用信息技术加强与他人的联系与协作。

（二）信息化教育中学生应具备的信息素养

学生的信息素养是根据社会信息环境和信息发展的要求，在接受学校教育和自我提高的过程中形成的对信息活动的态度，以及利用信息和信息手段解决问题的能力。它既包括学生对信息基本知识的了解、对信息工具使用方法的掌握及在未来的生活中所具备的信息技能的学习，又包括对信息道德伦理的了解与遵守。具体来说，它主要包括四个方面：

第一，信息意识。即人的信息敏感程度，是人们从信息角度对自然界和社会的各种现象、行为、理论观点等的理解、感受和评价。通俗地讲，面对不懂的东西，能积极主动地去寻找答案，并知道到哪里、用什么方法去寻找答案，这就是信息意识。信息时代处处蕴藏着各种信息，能否很好地利用现有的信息资料，是人们信息意识强不强的重要体现。使用信息技术解决工作和生活问题的意识，是信息技术教育中最重要的一点。

第二，信息知识。既是信息科学技术的理论基础，又是学习信息技术的基本要求。只有掌握关于信息技术的知识，才能更好地理解与应用信息技术。它不仅体现着学生所具有的信息知识的丰富程度，还制约着学生对信息知识的进一步掌握。

第三，信息能力。包括信息系统的基本操作能力，信息的采集、传输、加工处理和应用的能力，以及对信息系统与信息进行评价的能力等。这也是信息时代重要的生存能力。身处信息时代，如果只具有强烈的信息意识和丰富的信息常识，而不具备较高的信息能力，还是无法有效地利用各种信息工具搜集、获取、传递、加工、处理有价值的信息，不能提高学习效率和质量。信息能力是信息素养诸要素的核心，学生必须具备较强的信息能力，否则难以在信息社会中得到长久生存和发展。

第四，信息道德。培养学生具有正确的信息伦理道德修养，要让学生学会对媒体信息进行判断和选择，自觉选择对学习、生活有用的内容，自觉抵制不健康的内容，不组织和参与非法活动，不利用计算机网络从事危害他人信息系统和网络安全、侵犯他人合法权益的活动。这也是信息素养的一个重要体现。

信息素养的四个要素共同构成了一个不可分割的统一整体。信息意识是先导，信息知识是基础，信息能力是核心，信息道德是保证。

二、教师的信息技术应用能力标准

第一，多媒体教学环境：包括简易多媒体教学环境与交互多媒体教学环境。简易多媒体教学环境主要由多媒体计算机、投影机、电视机等构成，以呈现数字教育资源为主。交互多媒体教学环境主要由多媒体计算机、交互式电子白板、触控电视等构成，在支持数字教育资源呈现的同时，还能实现人机交互。

第二，通用软件：广泛应用于教育教学活动中的通用性软件，如办公软件、即时交流软件、音视频编辑软件等。

第三，学科软件：特别适用于某些学科的软件，如几何画板、在线地图、听力训练软件、虚拟实验室等。

第四，数字教育资源：是对教学素材、多媒体课件、主题学习资源包、电子书、专题网站等各类与教育教学内容相关的数字资源的统称。

第五，信息化教学：与传统教学相对，泛指以信息技术支持为显著特征的教学形态。

第六，技术资源：是对通用软件、学科软件、数字教育资源、网络教学平台等资源的统称。

第七，网络教学平台：是对能够为教育教学活动的开展提供支持的网络平台的统称，如网络资源平台、网络互动平台、课程管理平台、在线测评系统、在线教学与学习空间等。

第八，移动设备：是对便携式通信设备的统称，如笔记本电脑、平板电脑、智能手机等。

第九，评价工具：开展评价所使用的各种支持工具，如试卷、调查问卷、测试量表、评价量规、观察记录表、成长记录或电子档案袋等。

第十，教师网络研修社区：支持教师进行学习、交流、研讨等活动的网络平台，一般具有个人空间、教师工作坊等功能，能够建立不同类型的学习共同体，汇聚与生成研修资源，支持教师进行常态化研修。

总之，在信息时代，仅仅为学校配备计算机等硬件并不能确保教师能够有效运用信息技术进行教学，教师除了必须熟悉有关信息和网络应用的基本技能外，还应掌握信息化教学设计、学习资源开发、管理服务与教师专业发展信息化等多方面的信息技术应用能力。身处信息时代的教师必须不断地学习与现代教育技术相关的新观点、新知识、新技能，学会将新技术融入教学，运用新方法促进课程教学改革，促进教育教学方式的转变，促进学生有效学习和个性化发展，才能切实提高自己的信息化教学能力。

参考文献

[1] 邝家明，高梅花. 绿色发展智慧成长关于"智慧教育"的思考与实践［M］. 广州：华南理工大学出版社，2020.

[2] 邢强. 迈向智慧校园的实践应用研究［M］. 北京：中央编译出版社，2022.

[3] 胡楚丽，王珂，祁昆仑，等. 3S综合实习教程智慧校园案例［M］. 武汉：中国地质大学出版社，2022.

[4] 赵国涛. 智慧校园视域下高校实验室管理模式创新与实践研究［M］. 沈阳：辽宁大学出版社，2022.

[5] 周英，杨明忠，刘恋，等. 创建有温度的智慧学校［M］. 成都：四川大学出版社，2022.

[6] 张克宏. 德育智慧校园3.0时代的育人探索［M］. 济南：山东科学技术出版社，2021.

[7] 李进生，林艳华，宋玲琪，等. 全媒体数字教材智慧校园基础［M］. 北京：首都经济贸易大学出版社，2021.

[8] 严谨. 智慧社会从数字到智慧的升级路径［M］. 北京：九州出版社，2021.

[9] 王磊，赵红梅，李赫男. 探究智慧校园建设与信息技术应用［M］. 哈尔滨：哈尔滨工程大学出版社，2019.

[10] 罗辉. 职业院校智慧校园建设与应用指南［M］. 成都：电子科技大学出版社，2019.

[11] 金玉苹，张索勋. 云数据背景下的高校智慧校园建设［M］. 北京：冶金工业出版社，2019.

[12] 刘晓洪，翁代云，张艳. 教育大数据视域下的智慧校园建设与应用研究［M］. 北京：冶金工业出版社，2019.

[13] 谢明，肖齐凯. 未来智慧校园运行维护技术力提升与应用［M］. 成都：成都时代出版社，2019.

[14] 杨波. 信息技术教学与创新［M］. 广州：广东人民出版社，2018.

[15] 刘学敏. 信息化教学技术与实践［M］. 哈尔滨：黑龙江大学出版社，2018.

[16] 贺立路. 教学设计与案例信息技术与学科课程整合优秀成果［M］. 沈阳：沈阳出版

社，2018.

[17] 徐燕，伏振兴，李兆义. 信息技术与现代教育手段 [M]. 银川：阳光出版社，2018.

[18] 邱桂香. 基于学科核心素养的信息技术教学实践研究 [M]. 沈阳：东北大学出版社，2019.

[19] 杨晓飞，聂凯. 高校信息技术与课程教学融合研究 [M]. 长春：吉林人民出版社，2020.

[20] 宗敏. 信息化教学设计与信息化教学模式 [M]. 武汉：华中师范大学出版社，2020.

[21] 刘东志，刘峰，孟少卿. 智慧校园构建实例详解 [M]. 天津：天津大学出版社，2018.

[22] 高国华. 智行校园慧享学习苏州市智慧校园示范校项目创建成果汇编 [M]. 苏州：苏州大学出版社，2018.

[23] 邢福楷. 融合信息技术的"335"翻转课堂教学模式 [M]. 北京：新华出版社，2021.

[24] 周灵. 336教学模式信息技术与学科教学深度融合的设计与实施 [M]. 福州：福建教育出版社，2021.

[25] 梁立国. 走智慧教育的办学之路 [M]. 吉林：吉林出版集团股份有限公司，2022.

[26] 孔利华，温小勇，赖晓云. 信息技术课程教学理论与方法 [M]. 南昌：江西高校出版社，2022.

[27] 卢义峰. 基于STEM教育理念的信息技术多元化教学 [M]. 吉林：吉林出版集团股份有限公司，2022.

[28] 杨姝. 大学信息技术项目化教学探索与实践 [M]. 北京：北京工业大学出版社，2022.

[29] 古兴东. 融合创新信息技术教育"新"探 [M]. 长春：吉林文史出版社，2020.

[30] 林贵台. 信息技术教育学生信息技术核心素养培育 [M]. 厦门：厦门大学出版社，2021.